数字图书馆的发展与创新

任 益 著

吉林摄影出版社
·长春·

图书在版编目（CIP）数据

数字图书馆的发展与创新 / 任益著. -- 长春 : 吉林摄影出版社, 2023.6

ISBN 978-7-5498-5842-2

Ⅰ. ①数… Ⅱ. ①任… Ⅲ. ①院校图书馆－数字图书馆－图书馆工作－研究 Ⅳ. ①G258.6②G250.76

中国国家版本馆CIP数据核字(2023)第112734号

数字图书馆的发展与创新
SHUZI TUSHUGUAN DE FAZHAN YU CHUANGXIN

著　　者	任　益
出 版 人	车　强
责任编辑	李　彬　樊　华
封面设计	文　亮
开　　本	787毫米×1092毫米　1/16
字　　数	250千字
印　　张	11.25
版　　次	2023年6月第1版
印　　次	2023年6月第1次印刷

出　　版	吉林摄影出版社
发　　行	吉林摄影出版社
地　　址	长春市净月高新技术开发区福祉大路5788号
	邮编：130118
网　　址	www.jlsycbs.net
电　　话	总编办：0431-81629821
	发行科：0431-81629829
印　　刷	河北创联印刷有限公司

书　　号	ISBN 978-7-5498-5842-2　　　定 价：76.00元

版权所有　　侵权必究

前　言

　　图书馆是文化教育场所，是社会主义精神文明建设的重要阵地。它肩负着传播和发展先进文化、提高全民族的思想道德素质和科学文化素质、为经济发展和社会全面进步提供强大的精神动力和智力支持的神圣职责，能满足每一位读者的阶段性教育或终身教育的需要。人们所从事的社会活动、技术革新、发明创造、科学研究、著书立说等都需要更新知识、继续学习。

　　数字图书馆将虚拟与现实相结合，大量的数字化信息存贮在无数个磁盘存储器中，通过计算机网络连接形成一个联机系统。因此，与传统图书馆相比，它占用的物理空间相对很小；数字图书馆收藏数字形式的信息，除了纸介质的书刊资料外，还收录其他一切可以数字化的信息，以满足读者的多种需求；数字图书馆建设对我们最重要的一点是建立以中文信息为主的各种信息资源，这将迅速扭转互联网上中文信息缺乏的状况，形成中华文化在互联网上的整体优势。数字图书馆还是保存和延续发展民族文献遗产的最佳手段，所有的珍贵资料都可以经数字化处理后，将原件保存在更适宜的环境中，而数字化的资料由于是对原件的复制，因此并不影响一般意义上的查阅；利用数字化图书馆的用户可以不同图书馆的工作人员直接见面，而是通过网络与图书馆联系，图书馆专业人员通过电子邮件及电子咨询台与用户联系。

　　现在，数字图书馆广泛受到公共团体和商业机构的认同，数字图书馆的好处在于可以更迅速地找到我们所想要的书籍、文件、图片等资料。数字图书馆的好处还在于它能够轻易连接并浏览更多专业内容，能够更快速地找到我们想要的数据。相对地，维护一个传统图书馆的花费远高于维护一个数字图书馆，因为传统图书馆需要在人力成本以及书籍维护费上花上一笔开销，而数字图书馆则较少或不需要这笔花费。现如今，数字图书馆建设已经成为世界各国在科技与文化领域竞争的制高点，成为图书馆学研究最热门的课题。

　　本书主要研究数字图书馆发展与创新方面的问题，涉及丰富的图书馆管理知识，主要内容包括数字图书馆建设理论基础、数字资源建设、数字图书馆的服务、数字图书馆信息资源的建设与处理、数字图书馆信息存储与检索技术、数字图书馆环境建设、移动图书馆、图书馆自动化系统与信息化服务建设、基于泛在知识环境的数学图书馆阅读社区建设等。本书是笔者长期从事图书馆管理教学和实践的结晶,在内容选取上既兼顾到知识的系统性,又考虑到可接受性,兼具理论与实际应用价值,可供相关教育工作者参考和借鉴。

由于笔者水平有限,本书难免存在不妥甚至谬误之处,敬请广大学界同人与读者朋友批评指正。

目 录

第一章 数字图书馆建设基础理论 ············ 1
第一节 建设数字图书馆的作用和意义 ············ 1
第二节 数字图书馆建设全业务流程 ············ 2
第三节 数字图书馆的发展趋势与方向 ············ 8
第四节 我国数字图书馆的发展状况及趋势 ············ 14

第二章 数字资源建设 ············ 23
第一节 特色数据库建设 ············ 23
第二节 附书光盘管理系统 ············ 27
第三节 机构库的建设与实践 ············ 30

第三章 数字图书馆的服务 ············ 34
第一节 数字图书馆的虚拟参考服务 ············ 34
第二节 数字图书馆的主动推送服务 ············ 40
第三节 数字图书馆的定题服务 ············ 44
第四节 数字图书馆的个性化信息服务 ············ 47

第四章 数字图书馆环境的建设 ············ 54
第一节 数字图书馆的优化问题 ············ 54
第二节 数字图书馆的网络优化路径 ············ 59
第三节 数字图书馆的资源优化路径 ············ 69
第四节 网络环境下的安全优化路径 ············ 78

第五章 数字图书馆信息资源的建设与处理 ············ 86
第一节 数字化信息资源的来源 ············ 86
第二节 数字信息资源的描述和处理 ············ 91
第三节 元数据与资源描述框架 ············ 98

第六章 数字图书馆信息存储与检索技术 106
第一节 数据的存储与备份 106
第二节 数据压缩技术 113
第三节 基于内容的信息检索技术 121
第四节 跨语言信息检索 130

第七章 移动数字图书馆 138
第一节 移动数字图书馆发展的必然性 138
第二节 移动数字图书馆建设的意义及应用 139
第三节 移动图书馆的发展现状及服务 141
第四节 超星移动数字图书馆 145

第八章 图书馆自动化系统与信息化服务建设 151
第一节 图书馆自动化系统建设流程与原则 151
第二节 图书馆自动化集成系统结构组成 154
第三节 图书馆信息化服务及其建设 157

结束语 169

参考文献 171

第一章 数字图书馆建设基础理论

第一节 建设数字图书馆的作用和意义

数字图书馆作为以知识概念体系为支撑的一种信息服务与知识服务环境，是社会信息基础设施的重要组成部分，是未来社会的公共信息中心和枢纽。它将根本改变互联网上信息分散、不便使用的现状，为用户提供高质量、专业化、个性化的信息服务与知识服务。数字图书馆具有明显的跨学科特征，它涉及计算机技术、网络通信、信息管理、教育、经济、法律等诸多学科领域。数字图书馆的兴起和发展标志着互联网已逐步跨越以技术为中心的发展阶段，迈向科学交流、艺术创造、文化传播、经济发展、知识管理等人类活动领域。

一、数字图书馆与知识经济发展

当前，世界已经步入知识经济时代，知识成为生产力的核心要素，知识和信息成为国际竞争和全球知识经济的关键驱动因素。知识的获取、交流与创新能力是提高社会生产力的重要因素。数字图书馆作为信息与知识的一种有效组织形式，将极大地提高人们的知识获取与组织能力、知识创新能力，有利于国家知识创新体系的实现。数字图书馆将从根本上促进全球知识经济的发展。

二、数字图书馆与国家信息化建设

信息化是我国加快实现工业化和现代化的必然选择。国家信息基础设施是我国迅速提高知识创新能力和国民素质，尽快缩小与发达国家差距，实现跨越式发展的重要途径，是应对知识经济和全球经济一体化趋势的保障。数字图书馆具有对信息和知识全新组织、通过网络为用户提供广泛服务的明显特征，因此是国家信息基础设施的重要组成部分。数字图书馆使人们可以跨越时空限制，获取需要的知识与信息，这将为填平我国与发达国家的数字鸿沟，缩短国内东西部地区间发展的差距做出重要贡献。

三、数字图书馆与先进文化建设

我国数字图书馆建设的核心是建设以中文信息为主的知识资源及文化资源，以扭转目前互联网上中文信息匮乏的状况，向全世界充分展示我国优秀的传统文化和社会主义建设的伟大成就，形成中华文化在互联网上的整体优势，从而有力地抵御外来消极文化的影响，促进中华文化向全世界的传播，增强民族的生命力、创造力和凝聚力。

四、数字图书馆与全民终身教育

图书馆历来是国家教育体系的重要组成部分，数字图书馆所提供的专业化、个性化、网络化的知识与信息服务，将营造出全民终身教育的良好环境，有助于逐步形成社会化的终身教育体系，对于提高我国国民素质、增强公民的信息素养与知识获取能力，加强社会主义精神文明建设，推进学习型社会的形成起到巨大的推动作用。

第二节 数字图书馆建设全业务流程

信息资源是图书馆开展服务的基础与前提，是图书馆赖以生存的必要条件。传统图书馆的业务流程可以概括为采、编、阅、藏，数字图书馆的业务流程实际上也可以归纳为采、编、阅、藏，只是贯穿数字图书馆业务流程的信息资源是数字资源，数字图书馆的建设与服务主要围绕数字资源的生命周期展开。

一、采——数字资源的采集加工

（一）数字图书馆信息资源建设

数字图书馆资源是指图书馆以数字形式发布、存取和利用的信息资源的总称。数字资源的生命周期是指数字信息资源从生产到消亡的自然运动过程，可以描述为数字资源的产生、数字资源的采集、数字资源的组织、数字资源的传播与利用以及数字资源的长期保存。数字图书馆资源建设是指对信息资源进行选择、采集、组织和管理，使之形成可利用的数字资源体系的过程。

（二）数字图书馆资源建设形式

传统文献的采集主要通过接受缴送、购买、交换、受赠、征集、接受调拨、复制等方式。数字资源的采集途径也很多，主要包括采购、数字化加工、网络资源采集、网络资源导航、专题资源库建设、受缴、受赠和交换等，这些方式可以在数字资源建设工作中并存。

1. 采购。采购主要是指商业数据库的采购，是指通过购买方式从本馆以外的权利人（包括团体和个人）处获得数据库资源的使用权或保存权。

2. 自主建设。根据馆藏资源情况及服务对象的需求，有选择地分期、分批进行馆藏特色资源数字化和专题资源库建设。通常将图书馆建设的馆藏书目数据库、专题特色数据库和有效组织的网络资源统称为自主建设数字资源。自主建设数字资源还包括数字展览、在线讲座等原生数字资源。

在自主建设数字资源的各个环节必须严格遵守资源建设标准规范，这不仅有利于用户发现和传递数字资源，提高其可用性，更能满足广域的资源共享和增值应用的需求。

3. 网络资源采集。网络资源采集是指利用网络爬虫对指定的域名和网页进行自动采集，从而获得网络信息资源的过程。对于有能力进行网络资源采集的图书馆，应结合用户需求，确定采集策略、采集主题、采集范围等，有重点地进行采集。

4. 合作建设。在平等互惠的原则下，图书馆与图书馆之间、图书馆与有关机构（如档案馆、博物馆、科研机构、企业等）之间，进行数字资源的共建与共享，包括资源交换、委托加工等。此外，接受缴送和赠送也是信息资源的获取途径之一。

（三）数字图书馆资源建设原则

我国各级图书馆开展数字资源建设已有20余年，积累了大量的数字化产品、专题库，也形成了大量的商业数据库。总结国内图书馆开展数字资源建设的实践，我们认为数字图书馆资源建设应该重点考虑如下原则：

1. 整体性与系统性原则。数字图书馆的数字资源与传统载体资源共同构成了图书馆的馆藏文献信息资源，图书馆应注重对这两种资源的整合，构建多种载体、多种类型、分散异构的信息资源，有机结合效能更好、效率更高的新的信息资源体系。同时应该注重资源建设内容的完整性和连续性，形成有重点、有层次、各类型资源比例适当的数字资源体系。

2. 实用性和效益性原则。数字资源建设应该从图书馆的职能定位和用户的实际需求出发，最大限度地满足社会信息需求；同时根据各馆具体实际情况，统筹考虑采购方式、许可模式、许可期限、元数据、保存期限等诸多因素，达到效益最大化。

3. 共建共享原则。在各级各类图书馆大量建设的今天，在遵守数字资源建设的效益性原则、保障性原则等的同时，还应该考虑开展跨地域、跨系统的数字资源合作建设，建立优势互补、联合共享的数字资源保障体系。

二、编——数字资源组织与整合

在数字资源急速增长的今天，图书馆需要对海量数字资源进行有效整合，方便用户使用。

（一）数字资源描述体系

资源描述体系是图书馆资源组织中最重要的部分，就目前我们身处的这个信息资源大爆炸的社会来说，我们缺少的不是资源，而是能更好地满足用户需求的资源。这就要求把数字资源更好地组织与描述出来，让读者方便地查找到自己需求的信息资源。目前，图书馆最基本的资源描述体系包括以下三种：

1. 以 MARC 格式为基础的编目体系

就目前来说，各馆对各种文献信息资源主要有两种最基本的 MARC 编目格式，西文文献资源主要使用 MARC21 格式，中文文献资源则使用 CNMARC 格式。

2. 以 Dublin Core 为基础的元数据应用体系

建立 DC 元数据的目的是建立一套描述网络电子文献的方法，以便于网络信息检索。DC 元数据是由 15 个元素构成的、使用稳定的核心元数据集，可以描述大部分的资源。

3. 以其他形式的元数据为辅的元数据应用体系

随着数字资源的发展，元数据标准呈现多元化的发展趋势，除了 DC 元数据以外，国内外针对不同领域、不同资源、不同应用已有多种元数据规范存在。

（二）数字资源整合

海量数字资源的大环境，读者需要更深层面、更细粒度、更小单元的资源揭示，更先进全面的信息查找、定位和获取目标信息的一站式服务，因此需要对数字资源进行整合揭示。

数字资源整合是综合运用各种技术、方法和手段对图书馆相互独立的各种数字资源进行系统化和优化，对各个相对独立关系进行融合、类聚和重组，重新结合为一个新的有机整体，形成一个效能更好、效率更高的新的数字资源体系。目前，图书馆关于数字资源整合的模式主要有以下四种：

1. 基于 OPAC 系统的数字资源整合。一般图书馆的书目数据库只是向读者展示其印刷型的文献信息。如何改进 OPAC 系统，让读者能了解包括数字资源在内的全部馆藏，成为图书馆研究的一个焦点。现阶段，多数图书馆的做法是对数字资源进行编目，将其MARC记录加入OPAC，把数字馆藏纳入目录控制体系。

2. 基于资源导航的数字资源整合。通过数字资源的URL建立数字资源导航系统，图书馆根据实际应用需求，搜集网上与某一专业或主题有关的信息进行筛选、提炼、分析、综合，组成专业信息资源组合。如CALIS重点学科导航系统、中科院学科信息门户等都是将学科信息、学术资源等按学科门类集中在一起，实现资源的规范搜集、分类、组织和有序化整理，对导航信息进行多途径内容揭示，方便用户按学科查找相关信息和学术资源。

3. 基于跨库检索的数字资源整合。图书馆自建数字资源和外购数据库往往有不同的检索入口，用户不能快速有效地找到所需资源。为了有效解决这个问题，图书馆需要建立统一检索平台，实现跨库检索，用户只需一次登录，就可以同时对多个数据库进行检索。

4. 基于元数据的数字资源整合。元数据是关于数据的数据，或者说是描述数据的数据，其提供了各种资源的特征和属性等相关信息，能较好地解决信息资源的描述、发现、定位与管理，基于元数据的数字资源整合是实现图书馆文献信息资源共建共享体系的关键，无论是在信息发现、信息检索，还是在信息组织等各方面，元数据都起着十分重要的作用。

三、阅——数字图书馆服务

（一）数字图书馆服务概述

魏大威主编的《数字图书馆理论与实务》一书中，将数字图书馆服务归纳为：数字图书馆服务是现代图书馆服务的一部分，它利用新技术或网络的方式提供数字馆藏及相关数字资源的检索、发现、获取或推送、咨询、教育服务。

实际上，数字图书馆是一个平台，是一个渠道，是一种实现手段，数字图书馆的服务应该是传统图书馆服务的数字化、信息化和基于全媒体的创新，应该覆盖传统图书馆的所有服务对象和服务内容。从这个角度来说，数字图书馆的服务应该能够拓展图书馆服务渠道，使用户能够通过更加便捷的方式随时获得图书馆的资源；能够延伸图书馆服务范围，形成立法决策机关、教育科研及企事业单位、社会公众、图书馆和信息机构服务的多层次格局；能够深化图书馆服务内容，实现数字资源的无缝传递和服务；能够提升图书馆服务质量，为社会公众提供现代化、个性化、多样化的服务。

(二)数字图书馆服务内容

数字图书馆的服务应该根据服务对象、馆藏情况、基础设施建设情况,提供基于互联网、移动通信网、广播电视网等多种方式的服务,以最大化地满足用户的需求。

1. 以深化服务内容为核心的信息化服务。深化图书馆服务内容的重点是方便读者获取资源、获取信息,应该提供一站式的元数据、目录数据、馆藏数据、专题数据库等资源检索服务;通过多种方式提供线上的资源获取服务,在版权允许的情况下提供全文下载服务。通过互联网提供馆际互借与文献传递的服务。

2. 以提升服务质量为核心的智能化服务。数字图书馆应该通过新技术、新理念,为到馆读者提供自助借还、自助办证、自助复制、智能架位、触摸屏电子报、电子阅览室等优质服务,为非到馆读者提供实名用户认证、虚拟参考咨询、在线展览、在线讲座、在线学习等便捷服务。

3. 以拓展服务渠道为核心的新媒体服务。随着信息化深入发展,移动互联网、广播电视网已经成为新的信息通道,手机、平板电脑、数字电视等新媒体终端已经成为人们获取信息的重要媒介。数字图书馆需要在互联网基础上进一步拓展渠道,提供新媒体服务,主要包括移动数字图书馆服务和数字电视服务。

4. 以延伸服务范围为核心的多层次服务。数字图书馆的服务应对社会普遍开放,数字图书馆服务应该是多层次的。对立法决策机关,应该提供政府公开信息、法律信息等各种知识化资源库,提供互联互通的立法决策服务平台、智能参考咨询系统等服务;对科研单位和企事业单位应该提供专业化的虚拟参考咨询系统、舆情检测与分析系统等服务;对残疾人应该提供无障碍信息获取服务;对于少年儿童应提供符合少年儿童需求的数字资源与服务。

5. 以合作共建共享为核心的网络化服务。数字图书馆的服务是一个服务网络。图书馆仅是信息社会的服务供应者之一,面对共同的信息用户,图书馆必须开展业界合作和跨界联合,开展联合编目、联合目录、联合馆藏、联合咨询等,协同作业,才能形成整个社会的服务网络。

(三)数字图书馆服务策略

目前各馆在提供数字图书馆服务的过程中,呈现出一些不足之处,主要包括服务平台没有统一规划,读者使用困难;服务理念缺乏创新,服务策略缺乏前瞻性研究;从事数字图书馆服务的图书馆馆员经验欠缺等。数字图书馆在服务设计、提供中应重点考虑如下策略:

1. **整体性策略**。要统筹规划图书馆的各项服务,通过统一的用户界面和接口提供全面服务,充分发挥数字图书馆的优势,突破地域和时间限制,最大化地方便服务对象。

2. 创新性策略。开展前瞻性的研究，推动数字图书馆的服务创新，通过技术创新，发展和开拓丰富多样的服务。

四、藏——数字资源保存

（一）数字图书馆资源保存

信息化时代，数字资源实际已经成为国家的战略资源、数字资产。在很多情况下，数字资源比物理资源更加脆弱，更容易被毁坏，或者说，它们的载体更容易被淘汰，因此数字资源的保存尤为重要。

数字资源保存的目标是，维持数字资源长期的可生存能力、可呈现能力和可理解能力。数字资源的存储介质主要包括磁盘、硬盘、光盘和磁带。

（二）数字资源的保存策略

数字资源总量庞大，需要海量的存储介质，保存成本较高；数字资源建设目的不同，决定了数字资源保存的策略也应该不同。因此需要制定数字资源的保存策略。

1. 数字资源保存级别

根据数字资源保存和利用的不同特点，一般把数字资源划分为三类保存级别，即长期保存级、不定期保存级和临时保存级，以分别满足数字资源当前与长期利用的需要，根据保存级别制定相应的保存策略。

2. 长期保存级数字资源保存策略

长期保存的数字资源主要包括馆藏所有元数据（书目数据、规范数据、分类主题数据、馆藏数据）、馆藏数字化的特色资源数据库、重要的中文网络资源，授权永久保存的中文资源数据库，以及国外重要的工具性数据库。长期保存级的数据以光盘或者磁带为保存介质，并同时保存至少三份作为备份。对异地和离线保存的数字资源，定期对磁带和光盘进行检查、复制、转换等日常管理维护工作。

3. 不定期保存级数字资源保存策略

一时无法确认是否需要永久保存的数字资源，以及在当时有保存价值但经过一定时期后可能就会逐渐丧失保存价值的数字资源，为不定期保存级。不定期保存的数字资源主要包括网络发布的所有数字资源。不定期保存级的数据需一至两份作为备份；届时根据相关标准转为长期保存级的，需按长期保存级的要求备份。

4. 临时保存级数字资源保存策略

在线服务的数字资源出现异常丢失或损坏时，确保其能够立即恢复与提供服务的数字资源，为临时保存级数字资源。临时保存数字资源一般包括发布与服务的数字资源、资源供应商提供镜像的数字资源，以及带有对象数据链接的元数据资源等。

对于在线资源，一般可考虑三个层次的存储策略：一是数字资源发布与服务系统的存储；二是本地的数字资源存储管理中心的存储；三是异地灾备数字资源存储。

五、数字图书馆的支撑

数字图书馆建设与服务的支撑系统包括标准规范、软硬件技术平台和政策制度体系。

（一）标准规范

数字图书馆是在网络环境下建立的数字资源采集、加工、描述、管理、服务和保存的系统，其最终目的是要实现数字资源的广泛存取与最大化共享。标准规范作为数字图书馆建设的基础，是开发利用与共建共享资源的基本保障，是保证数字图书馆的资源和服务在整个数字信息环境中可利用、可互操作和可持续发展的基础。

数字资源建设是数字图书馆的核心内容，基于数字资源生命周期的数字资源建设标准体系目前已被许多数字图书馆项目所应用，该标准体系主要包括数字内容创建、数字对象描述、数字资源组织管理、数字资源服务、数字资源长期保存等方面的标准规范。

（二）技术支撑

建立数字图书馆是一项庞大的工程，在建设数字图书馆过程中要认真思考，重点解决数字图书馆的关键技术和技术体系结构问题，尤其是技术体系结构中的各应用系统的实现。要注意数字图书馆建设中的任何一个细节问题，只有这样才能建成一个现代化的、方便快捷的数字图书馆。

数字图书馆涉及诸如文献数字化技术、网络技术、数据挖掘、搜索引擎技术、VPN技术、Raid技术、用户接口设计等许多新的、较复杂的技术。

第三节 数字图书馆的发展趋势与方向

一、数字图书馆的发展趋势

（一）从基于数字化资源向基于集成服务和用户信息活动的范式发展

数字图书馆的发展重点经历了几个阶段。第一代数字图书馆主要在特定文献资源数字化的基础上建立数字信息资源系统，它们往往作为独立系统嵌入传统图书馆系统或上层机构信息系统中,将跨时空检索和传递特定数字化资源作为其主要任务,可称为基于数字化资源的数字图书馆。第二代数字图书馆致力于支持分布的数字信息系统间的互操作,支持这些系统间无缝交换和共享信息资源与服务,由此构造集成信息服务机制,形成基于集成信息服务的数字图书馆。这一代数字图书馆不再以文献数字化和具体数字资源库建设为核心,而主要是面向分布和多样化数字信息资源,通过服务集成构造统一的信息服务系统,形成与传统图书馆不同的新系统形态和组织形态,是目前数字图书馆研究、开发和应用试验的主要形态。第三代数字图书馆将围绕用户信息活动和用户信息系统来组织、集成、嵌入数字信息资源和信息服务,从而更直接、深入、有效地支持用户检索、处理、利用信息来解决问题。以用户信息活动为基础的第三代数字图书馆是今后的发展方向。

(二)数字信息存储的全息化

随着数字图书馆建设的不断进展,资源数据量越来越大,存储空间成为影响数字图书馆应用的主要因素。数字图书馆中海量的多媒体信息资源在保存到数据库之前必须进行压缩,以降低数据库成本,使数据库规模保持在可管理的范围内,所以需要着重研究能够适应快速访问的海量存储技术。从世界范围来看,凡是称作"数字图书馆计划"的,其存储的数据总量必然达到了海量规模。全息数字化技术的广泛应用以及新的压缩技术的出现,使数字化的资源所占空间大大降低,使存储设备的投入也大大减小。全息数据存储由于同时具有巨大的存储容量、高速的数据传输速率和短暂的访问响应时间等特点,它能够满足提供网上服务的要求。全息数字化技术将成为21世纪数字图书馆的主流数字化技术,全息数字化技术所生成的数字化资源都是全息的,取代了简单扫描技术生成的资源,既保持了文献资源的信息完整,又增加了各种检索等功能,是未来数字图书馆资源的主要组成部分。

(三)多种资源的高度集成,易用性更强

多种资源的深度融合也是数字图书馆发展的一个基本特征,目前的数字图书馆资源种类绝大多数仍然以传统的书报刊等印刷版资源数字化为主,将来会扩展到声像制品、多媒体等资源。这些资源不只是简单地堆积到一起,而是进行了高度的集成和深度的融合。读者输入一个检索词,可以将各种各样的资源全部检索出来,阅读器是能够浏览、播放各种资源的超级阅读器。数字图书馆更具人性化和更加易用。信息导航技术、知识管理技术、全文检索技术、跨平台技术、智能检索代理技术以及推送技术的广泛应用都促使数字图书馆更加贴近用户,更加方便利用。

(四)数字化技术进一步完善

数字图书馆建设涉及计算机、网络通信等多领域多技术的综合集成,而计算机

和网络通信技术发展十分迅猛,新技术层出不穷。数字图书馆需要涉及网络通信、多媒体信息处理、信息的压缩与解压缩、分布式信息处理、信息安全、数据仓库、基于内容的智能检索、超大规模数据计算、用户界面等多种技术。目前亟待解决的关键技术包括以下几种:①软件重用技术;②多语言处理技术;③自动识别技术;④互联网人工智能技术。数字图书馆的一个基本特征是传输网络化,这就要求数字图书馆具有高速信息传输通道,以方便用户快速获取所需要的信息。目前,数字化技术正在不断完善。

(五)标准化建设取得较大进展

标准和规范化是实现数字图书馆资源共享的前提和根本保障。数字图书馆建设管理的信息和知识不仅包括所有学科,数量巨大,类型繁多,而且包括文字、表格、图像、音频等多种媒体的数字化表达,组织极其复杂;各单位所使用的软硬件规格不一、品牌庞杂。如何将众多的力量协调组织起来,实现网络的互联互通、资源的共建共享、管理的井然有序,从技术管理的角度考虑,关键就在于标准化。有了标准化,才能把各单位开发出来的信息资源按统一的格式组织起来,既能和国际网络接轨,更能为各单位所共享,形成整体性信息资源;才能用统一的检索标准建立起分布式的存储和检索系统,方便信息资源为广大用户利用;标准化是建设数字图书馆的重要保证。

(六)社会化和国际化趋势

数字图书馆将向着社会化、国际化方向发展。美国目前已有众多的科学、技术研究机构和多所著名大学组成合作小组,协同完成了数字化资源及数字图书馆技术的研究与开发,美国国家图书馆联盟就是一个组织全国15个大型图书馆及国家档案记录局的合作机构。此外,有些联盟还有著名的大公司加盟。1997环太平洋数字图书馆联盟成立,由太平洋地区的知名大学图书馆和国家图书馆共同实施,其中包括我国的北京大学图书馆和中山大学图书馆,开展数字图书馆的合作研究计划,致力于合作开发多语种在线图书存取系统及多语种文档传输系统,形成大型分布式多语种数字图书馆。

二、数字图书馆建设的方向

(一)加强数字图书馆建设的战略管理

数字图书馆建设作为国家信息基础设施建设的重要组成部分,涉及各种各样的技术、管理和服务问题,因而不仅需要技术层面的微观研究,也需要决策层面的宏观探讨。数字图书馆是跨部门、跨行业的大系统工程,所以应该由政府出面,统一规划、组织和协调。数字图书馆要实现通过互联网为用户提供全方位的信息服务这一宏伟目标，就必须搞好信息资源的规划工作。为了正确把握数字图书馆的建设方向，提高项目建设的实际效益，避免在项目和技术选择上出现重大决策失误，有必要从战略管理的高度处理好数字图书馆建设中的一些宏观关系问题，如数字图书馆与传统图书馆关系、数字图书馆与国家信息基础设施建设、技术先进性与适用性、数字资源建设与整合、业务的社会化与个性化、项目建设与用户服务、馆际协作与资源共享、数字图书馆信息服务与知识产权保护、数字化建设与体制创新等，应该加强整体规划和可行性分析。

（二）加强特色化数字资源建设

建设数字图书馆必须重视信息资源的建设，数据库资料是数字图书馆的重要信息来源，必须考虑数据库的建设，避免因网络上缺乏信息源，造成网络闲置。应从全局出发，合理建设和使用文献信息资源，不要盲目求新、求全、求高水平，应该加强资源共享，不要重复建库和重复引进，要立足本馆、面向全球、形成特色。数字图书馆的服务对象不仅仅是到馆的读者，更多的是网络环境下的用户，因此，要加强主页设计、建立数字馆藏，提供多种形式的远程服务。要深层次开发信息知识资源，建设各馆特色化数字资源，满足高层次读者用户存取需求。数字图书馆应该注意个性化服务和特色化资源的深层次开发，提高数字图书馆生存发展的核心竞争力，促使数字图书馆走向可持续发展之路。

（三）加强数字图书馆建设的合作与协调

数字图书馆的建设是跨部门、跨学科的，并以高新技术为基础的艰巨复杂的系统工程，需要有关研究机构和部门通力合作和沟通，立足于一盘棋，打破各自为政、条块分割、重复建设的局面，以网络为依托进行整体化建设。在技术上，与外国技术企业加强合作，利用外国先进技术创建具有特色的数字图书馆。数字图书馆建设需要计算机界、软件工程界、通信网络工程界及其他方面结合成一个战略同盟。美国数字图书馆研究走的共同协作路线是值得借鉴的。在推进数字图书馆建设时，如果单凭政府投入或图书馆自身的资金和技术力量将很难完成这一艰巨任务。图书馆界应该在认识到自身是建设主力的同时，主动与信息技术界、企业界等建立友好合作关系，广泛吸收资金、技术和人力，共同开展试验。应该加强数字图书馆的宏观管理，做好有关的协调工作。

（四）加强数字图书馆的可用性评价

可用性指的是系统必须具备一定的功能特征，如是否提供功能菜单、是否采用图形界面等。从使用上来说，可用性是指用户在一定的环境里完成一定的任务时，系统的性能或作用能否得到有效的体现。可用性是评价数字图书馆的一项重要质量指标，它涉及用户与数字图书馆交互的许多方面，甚至包括数字图书馆的安装和维护。可用性关系到数字图书馆的性能是否满足用户的需要，流程是否符合用户的习惯，效果是否达到用户的期望。对于数字图书馆的工作人员而言，可用性关系到工作的效率和数字图书馆存在的意义；对于数字图书馆的开发者而言，可用性直接决定着系统开发的成败。根据用户范围的不同，数字图书馆的可用性可以分为界面可用性和组织可用性两种，前者是指数字图书馆的用户界面能否满足具体用户的要求；后者是指数字图书馆能否与特定组织的实际工作相结合、满足实际工作的需要。

数字图书馆不仅将改变人们利用信息的方式和模式，还将影响人们利用信息的深度和广度。因此建立一套评价数字图书馆可用性的原则具有十分重要的意义。评价数字图书馆可用性的原则可以概括如下：

1. 易学。数字图书馆应该易于学习，用户可以在很短时间内掌握其使用方法；系统应该给用户提供培训的机会和咨询的途径，在使用过程中遇到问题时能得到及时的帮助。

2. 易记。数字图书馆的体系结构、界面、功能和操作要有一致性，从而提高其助记性；尽量减轻用户的记忆负担，当用户在间隔一段时间后再次利用数字图书馆时，不必重新学习使用方法。

3. 高效。数字图书馆必须是一个高效的系统，能有效地满足用户的信息需求，用户利用数字图书馆获取信息比利用其他途径有更高的效率。

4. 容错。数字图书馆应该有较强的容错能力，保证系统能够连续正确运行；用户出现操作失误时系统要及时报告，提出修改建议或自行修复。

5. 愉悦。用户在利用数字图书馆的过程中，感觉应该是轻松的，心情是愉快的，结果是令人满意的，系统要设法排除用户利用图书馆过程中容易产生的沮丧、厌烦、挫折等情绪。

6. 服务差异化。网络使得世界各地的用户都可以享受数字图书馆提供的服务，而在不同社会、不同文化背景和不同知识层面下用户的要求是不一样的。数字图书馆要根据用户的认知方式和行为特性，根据用户的阅读习惯和查询要求，为用户提供差异化的服务。数字图书馆系统必须适合用户或组织工作的实际情况，包括系统是否适应工作流程的需要，是否符合用户获取信息的习惯，是否与计算机系统和通信设备相匹配等。数字图书馆是一项高投入、高产出的系统工程，必须对数字图书馆的经济效益和社会效益做全面的估价，对用户利用数字图书馆的经济承受能力也要有充分的考虑。

（五）加强数字图书馆的知识管理

数字图书馆知识管理就是通过对数字图书馆所拥有的包括信息及知识各种要素在内的所有智力资本进行组织、开发和运营，实现知识创新、知识扩散和知识增值的过程。其主要内容如下：

1. 知识创新，是指以创造性思维来建设与管理数字图书馆。数字图书馆是一种网络环境下的全新的图书馆形态，具有与传统图书馆完全不同的理念追求、运作方式和管理模式，要有效地进行数字图书馆建设实践，必然要创新图书馆学知识。数字图书馆工作人员将成为发展和创新图书馆学的一支重要力量。

2. 知识组织，是指把数字图书馆资源中的各种知识因子和知识关联表示出来，以便人们识别和理解。知识组织的方法多种多样，依知识的内部结构特征，可分为知识因子组织方法和知识关联组织方法；依知识组织的语言学原理，可分为语法组织方法、语义组织方法和语用组织方法。

3. 知识开发，是在对数字图书馆信息的获取和预处理的基础上，通过数据挖掘和知识发现等方法，对有关的信息进行提炼、精简与分析，发现隐含在其中的具有规律认识的有用知识，通过对信息的深层次加工，形成有独特价值的知识产品。

4. 知识扩散和应用，指对数字图书馆的知识产品进行传播和利用，如知识信息导航、知识信息评价、知识信息咨询、知识营销等，从而实现知识的增值。数字图书馆要实现有效的知识管理，关键是要建立适合知识管理的组织管理机制、技术机制以及有利于创新、交流、学习和知识应用的环境和激励机制。目前，针对知识组织和知识管理的多种智能技术和软件技术，如元数据技术、XML 可扩展性结构化标记语言、智能 Agent 技术、数据采掘技术、个人知识管理软件工具、数据仓库、知识发现、数据融合、智能搜索等已在数字图书馆中得到了广泛应用，在面向内容和知识管理的数字图书馆设计中尤其得到强调，极大地提高了数字图书馆知识组织和管理的效率。

（六）加强数字图书馆的标准化管理

数字图书馆建设需要众多部门和单位共同参与。如何将众多的力量协调组织起来，实现网络的互联互通、资源的共建共享、管理的有序化，关键就在于标准化。标准化与规范化是数字图书馆建设的一个十分突出的问题，并成为实现数字图书馆资源共享的前提和根本保障，将直接影响数据库的质量和服务效果。数字图书馆需要多个标准之间的联系和协调，更需要建立有关的标准体系。如数字图书馆的资源储备、描述与标识、检索查询、交换和使用的标准与规范等。建设数字图书馆主要涉及两方面标准。首先是直接涉及文献信息工作本身的技术标准，包括通用标准、出版专业通用标准和相关标准、图书情报专业通用标准和相关标准、档案专业通用标准和相关标准等。其次是有关计算机、通信和数据库建设的标准。目前数字图书馆的标准和规范仍然存在大量空白。例如，评价信息网站的标准及规范、数字图书馆系统软件的标准和评价指标、数字图书馆质量保证体系及质量认证标准等，有待进一步建立与应用。

第四节　我国数字图书馆的发展状况及趋势

一、我国目前数字图书馆的发展状况

2014—2022 年中国数字图书馆市场现状调研分析及发展趋势报告：

中国产业调研网发布的 2014—2022 年中国数字图书馆市场现状调研分析及发展趋势报告认为，近年来随着现代信息技术的迅速发展，我国的数字图书馆建设已经取得了相当大的进步，目前国内图书情报单位都在积极建设各类型数字图书馆，其中既有国家级项目，也有地方省市级项目，还有单个数字图书馆项目。已经完成和正在实施的国家级数字图书馆计划或者项目主要包括：中国试验型数字图书馆（CPDLP）项目、知识网络—数字图书馆系统工程项目、中国数字图书馆项目、教育部数字图书馆攻关计划以及中关村科技园区数字图书馆群软课题研究项目。影响较大的地方省市级数字图书馆有辽宁省图书馆数字化图书馆工程、江苏省数字图书馆计划以及台湾地区的"亚太智能信息服务中心"计划。其中，辽宁省图书馆数字化图书馆工程是国内首家引进美国 IBM 公司数字化图书馆系统，也是在全国公共图书馆中首家启动数字图书馆工程，它把对古籍文献的加工整理作为数字图书馆建设的重头戏，重点加强信息网络建设，采用先进、成熟技术，组建互联网信息发布与服务系统。

就国家数字图书馆推广工程来说，2011 年，文化部、财政部于"十二五"期间，在全国实施"数字图书馆推广工程"，目的是构建以国家数字图书馆为中心、以各级数字图书馆为结点、覆盖全国的数字图书馆虚拟网，建设分级分布式数字图书馆资源库群，借助各级公共图书馆和手机、数字电视、移动电视等新兴媒体，向公众提供多层次、多样化、专业化的数字图书馆服务，从整体上提升全国公共图书馆的服务能力和服务水平。在我国各级政府的高度重视下，图书馆界形成了争先、优先发展数字图书馆的浪潮，有关图书馆数字化的研究课题相继启动。如"863"计划、"973"规划、社会科学基金、自然科学基金中的有关课题，以及省部级研究项目等。国内各大型公共图书馆、院校图书馆基本或逐步实现了图书馆数字化初步工作并不断完

善和发展。例如，目前国家数字图书馆已经制作完成超过200TB的数字资源，全国各级图书馆同样实现了相当数量的数字资源的海量存储。

2014—2022年中国数字图书馆市场现状调研分析及发展趋势报告：

国家数字图书馆推广工程自2011年启动以来，中央财政共投入1.73亿元，用于33家省馆和185家市馆的硬件建设，带动地方投入共计9978.4万元。2013年中央财政投入1.7205亿元，用于剩余的240家市级馆的硬件平台搭建。虚拟网初步实现了互联互通，包括国图在内的60家图书馆完成了虚拟网连接；各地硬件基础条件大幅提升，全国共计24家省馆、86家市馆硬件设备已达到推广工程配置标准；系统平台部署有序进行，统一用户认证、唯一标识符、政府公开信息整合服务平台等系统平台已在全国20多个省、市进行了安装部署。推广工程结合地方实际需求，借助数字图书馆虚拟网和镜像等方式为辽宁、吉林、黑龙江、浙江等12个省、市共享了总量超过880TB优秀数字资源；启动了资源登记工作，收到了总量达9万余条的自建资源数据，为全国资源的统一揭示和整合奠定了基础。

以数字图书馆为节点的数字图书馆虚拟网，能够建设优秀中华文化集中展示平台、开放式信息服务平台和国际文化交流平台，打造基于新媒体的公共文化服务新业态，最终实现数字图书馆的服务惠及全民，切实保障公共文化服务的公益性、基本性、均等性、便利性，最大限度地发挥数字图书馆在文化建设中引导社会、教育人民和推动发展的功能。中央财政陆续向数字图书馆投入经费，主要用于中部、西部地区各级图书馆硬件设备的采购，2015年建成覆盖全国的虚拟网体系，实现各应用系统平台的互通。"十三五"规划中提出的目标任务是，资源总量达到3500TB以上，可供全国共享使用的资源达到1500TB以上，其中特色资源达到880TB以上。

二、与数字图书馆发展密切相关的"云"和"文化共享工程"

1. 数字图书馆与"云服务"

（1）关于"云计算""云服务"。

"云计算""云服务"是一种将分布式计算、网格计算、并行计算以及互联网结合起来的新型IT计算范型和资源提供模式，能将动态、可伸缩的IT计算资源以服务的方式通过互联网提供给用户。云服务方式包括基础设施即服务（Infrastructure as a Service，IaaS）、平台即服务（Platform as a Service）和软件即服务（Software as a Service）三种。各种云服务层出不穷，百度云、新浪微盘、华为网盘、阿里云、360云盘、迅雷快传、115网盘、乐视云盘等不胜枚举。这些云存储服务商在短短几年内的相继出现，不仅表明云存储服务这一行业的方兴未艾，也昭示着大量用户对云服务青睐有加。

（2）数字图书馆"云服务"的高效、共享特征。

首先，云计算中的资源可以高效、高速地存取，并且为用户提供大力支持，相对于网格技术而言，更加优越。由此可见，应用云计算技术，为图书馆数据存储提供了解决的途径。

其次，云计算技术的应用促进了网络信息资源共享。云计算高层次的虚拟化技术以及自动化的部署功能，为图书馆建设提供了更强的管理机制。使用者既不需要在个人终端上安装相关的一些软件，也不需要在固定的空间和时间获取资源，不受空间和时间的限制。

最后，由于云计算技术将网上所有资源连通，将多样性信息资源格式进行了屏蔽，并消除了信息孤岛，使图书馆资源利用效率得到了提升，完成了多种资源的全面共享。不管身处何时何地，信息用户只要能连入互联网，就可以对图书馆的服务进行体验和享受，真正实现了互联网环境下最大化地共享网络资源。

云计算的根本出发点就是通过网络服务进行信息存储、融合、共享，不断丰富数字信息资源。数字图书馆将自身的数字信息资源汇聚到"云端"的存储服务器中，使用者只需遵守图书馆管理者规定的访问规则或协议，就可以获得云中资源，在使用过程中，图书馆管理者还可以更新并补充既有的资源内容。将云计算技术应用于数字图书馆建设目前刚刚起步，已有的研究成果不能直接指导分布式异构数字资源的智能定位与收割问题，需要针对各省各级图书馆和文化机构数字资源的特征和实际环境，设计实现一个分布式异构数字资源的智能定位与收割云服务平台，更好地为公众提供文化数字服务。

（3）数字图书馆"云服务"的著作权问题。

在"云服务"环境下，数字图书馆著作权问题也是一个非常重要的问题。以提供存储服务为初衷的云存储平台，在实践中却渐渐远离资源存储的本来宗旨，而涉足作品传播，在异化发展的道路上对传统著作权的保护提出了挑战。以影视作品为例，2015年上半年上映的《飓风营救3》在上映期内，共监测到云盘侵权链接898条。经由云存储服务侵犯著作权的现象由此可见一斑。为了保证在"云"中存储和传输信息资源不被非法下载和恶意篡改，图书馆应加强信息安全基础设施建设。

首先，图书馆对云计算服务进行购买后，要与云服务提供商设法周旋。图书馆购买云计算服务后，云计算企业将代为管理其全部拥有的数据，按照常理，图书馆数据的知识产权应该是图书馆完全拥有。但是，在实际建设与管理过程中，云服务的提供商一定会千方百计以知识服务等各种名义，对这些具有一定价值的核心数据进行利用。

其次，图书馆要加密网络上传输的数据和存储数据，确保安全性，还要尽量保护图书馆用户数据的安全。因为在云服务环境下，各种资源得到了有效汇集。对用户来说，各种资源处于半公开状态，这一方面方便了用户访问与下载，另一方面也为非法访问提供了可乘之机，容易导致恶意软件的隐藏。

最后，云环境物理异构性以及高度的逻辑复杂性，也给非法用户留下一些机会，他们往往借助于攻击云环境的安全漏洞，对数字图书馆所存储的各种信息数据和用户资料进行破坏。因此，我们必须采取有效措施，严格控制非法访问和利用，以保证各数字图书馆的信息资源安全。

2. 数字图书馆与文化共享工程

数字图书馆是全国文化信息资源共享工程的重要基础，实现文化信息资源共享服务又是数字图书馆的目的。两者相得益彰，密不可分。文化共享工程与现阶段数字图书馆建设无论在其组织形式、建设目标，还是数字资源内容与实施内容、建设经费及人员队伍组成上，以及面临的著作权问题和解决的措施方面都存在共性。

（1）文化共享工程的概念特征。

全国文化信息资源共享工程（以下简称"文化共享工程"）是由财政部支持、文化部组织实施的国家级文化创新工程，于2002年4月正式启动。文化共享工程应用现代科学技术，将中华优秀文化信息资源进行数字化加工整合，通过工程网络体系，以互联网、卫星、移动存储、镜像、光盘、有线电视/数字电视网等方式，实现优秀文化信息资源在全国范围内的共建共享。由此可以看出，文化共享工程的建设主要包含以下三个方面的任务：①数字化加工，包括各种优秀文化信息资源；②用现代高新技术手段传播先进文化；③建成全国文化信息资源中心和各级分中心，实现优秀文化信息资源在全国范围内的共建共享。

文化资源共享工程是一项民生工程，对于加快构建覆盖城乡的公共文化服务体系、服务社会主义新农村建设、维护国家政治稳定和社会和谐、促进全面小康社会建设等都具有重要意义。近年来，以数字化和网络化为代表的信息技术发展迅猛。互联网、手机以其内容丰富、信息及时、交互性强、随时随地等特点得到了快速普及，成为具有重要影响的新兴媒体，新兴数字终端不断涌现，新兴信息技术不断推陈出新，这都对文化传播提出了新的挑战和机遇。但据统计，占我国人口总数57%的农村人口，网民数量却只占了全国网民总数的27.4%；地区分布不平衡，东部地区信息化程度明显高于中西部地区。以各省拥有的IPV4地址数为例，北京、广东、浙江、山东、江苏、上海六省市的IPV4地址数占了全国的一半以上。这种城乡和地区间的差别，就形成了国内的"数字鸿沟"（所谓"数字鸿沟"就是指处于不同经济社会发展水平的个人、家庭、企业和地区，在接触信息通信技术和利用互联网进行各种活动的机会的差距）。数字鸿沟影响了我国经济社会的全面协调可持续发展。文化共享工程在建设过程中坚持公益性、均等性、基本性、便利性的原则，目标就是要保障全体公民的基本文化权益，缩小城乡差距，逐步消除"数字鸿沟"。

文化从来都是与社会信息传播系统同生共荣的，传播是文化的基本特征，一切文化都是在传播交流的过程中形成和发展的。文化共享工程是新形势下构建公共文化服务体系、惠及千家万户的一项重要文化基础工程，是政府提供公益性服务的重大文化项目，是实现广大人民群众基本文化权益的重要途径。其目的主要有以下三个：

●通过搭建网络通道，促进信息广泛、快速地传播；

●通过技术创新和日常培训，消除信息获取障碍；

●通过政策保障，实现公民获取知识、信息的平等权利。

（2）数字图书馆的发展与文化共享工程密切相关。

①文化共享工程与数字图书馆均依赖已经建成的网络平台，通过将丰富的具有地方特色的、民族特色的优秀文化资源库群，传送到全国各级基层图书馆，以改善基层图书馆文献资源不足的现状，或提供社会公众共享各类信息资源，最终达到提高公共文化服务水平这一共同目的。

②文化共享工程与数字图书馆都以资源建设为核心，建设的基本内容均具有地方特色，收集、整理、加工、整合的文献信息资源同样以各种格式（文本格式、PDF、图片格式、音频格式、流媒体）实现海量存储。

③文化共享工程的实施主要依托现有的各级文化机构，尤其以具有一定规模的数字图书馆为主力军。文化共享工程是由财政部和文化部共同组织实施，由一个国家中心（文化部全国文化信息资源建设管理中心）和若干省级分中心以及基层中心组成，国家中心设在国家图书馆内，省级分中心基本上也是设置在各省图书馆内，基层中心则由相应级别的图书馆或文化站承担。文化共享工程一方面依托各级图书馆已搭建的网络与硬件平台，对数字资源进行加工处理并整合发布；另一方面也依托其他系统已经搭建好的网络平台，进行资源的传输与传播。2008年召开的"第三次全国数字图书馆建设与服务联席会议"明确要求，今后国家数字图书馆与共享工程应实现资源、硬件、网络的共享，相互补充。依托文化共享工程的实施，在一定程度上有力地促进了各级图书馆数字化建设的发展。

④文化共享工程的宗旨与数字图书馆的宗旨相通。文化共享工程和数字图书馆都是公共文化服务体系的重要基础构成，主要利用现代科学技术，以共建共享为核心理念，通过多种服务方式，将整合起来的大量丰富的优秀数字文化资源传递到基层或提供给公众使用，不断创新文化的生产、制作和传播方式，使优秀文化作品不仅能够更好地被创作出来，还能够更广泛地服务于社会大众，通过便捷、贴近、公益的数字资源服务，不断满足广大人民群众日益增长的精神文化需求。

（3）数字图书馆与文化共享工程共同涉及的著作权问题。

无论是数字图书馆还是文化共享工程，从创造、组织到发布、存储的整个生命周期，在每一个环节都可能涉及一系列的资源复制、网络传播等著作权问题。

全球最大的互联网搜索引擎公司——谷歌，于2004年开始寻求与图书馆和出版商合作，大量扫描图书，欲打造世界上最大的数字图书馆，使用户可以利用"谷歌图书搜索"功能在线浏览图书或获取图书相关信息。但是在2009年10月13日，央视《朝闻天下》栏目报道称，从中国文字著作权协会获悉，570位权利人17922部作品在未经授权的情况下，已被谷歌扫描上网，这种未经许可的复制和网络转载的行为均涉嫌侵犯著作权，从而引发了双方持久的谈判与协商，严重影响了谷歌图书馆在中国的发展。

文化共享工程或是数字图书馆对文化艺术作品这些文化信息资源，进行数字化复制，通过信息网络传播，进行展览、放映、改编、汇编，并且以公益性的名义，无偿提供给社会公众使用。毫无疑问，这与保护著作权人权益的著作权法规定产生了严重的矛盾，成为阻碍公共文化服务开展的难题之一。文化共享工程和数字图书馆的资源内容、类型及使用上的特点，要求其必须满足诸如作者、表演者、录音录像制作者乃至出版者等各类权利主体的利益，或者获得他们的有效许可或授权。既不能出现著作权人无法获得经济收入的情况，也不能因法律的过度保护而影响了公共利益的实现。如何平衡各方的利益关系，同时还要做好公共文化服务呢？为此，各地共享工程在资源建设中纷纷制定并采取了多项措施，提出并确定了"版权先行"的原则，即将妥善解决版权问题作为衡量资源有效性的先决标准。在文化共享工程实施过程中，先后采用了社会捐赠、市场采购、行政调拨、委托创作以及合作举办活动、原创和加工、签订授权书等多种方式，取得资源的著作权或者使用权，从而从根本上解决数字资源的著作权问题。

（4）数字图书馆可以借鉴文化共享工程解决著作权问题的策略。

文化共享工程解决著作权相关问题的策略，首要解决的就是合法获得许可使用权。在文化共享工程启动伊始，国家便将数字文化资源的著作权问题作为重要的工作内容之一列入了《全国文化信息资源共享工程实施方案》。"版权先行"作为既定的原则，对资源建设起着指导性作用。文化共享工程的海量文化信息资源，种类丰富，来源广泛，需要不断拓展渠道，采取多种途径，合法获得著作权的许可使用。主要有以下途径：

①社会捐赠。

文化共享工程自启动之始便获得了社会各界的支持与帮助，其开展的"名家名作"征集活动一经推出，就得到社会各界的积极响应，先后收到张岱年、任继愈、戴逸、汤一介、冯其庸、启功、王蒙、厉以宁、何祚庥、华君武、江平、郑成思、袁行霈、陈平原、卓新平、卞祖善等颇负盛名的学界泰斗和青年才俊以及社会各界数百位作者捐赠的作品。此外，文化共享工程还获得了一些从事电子图书和数据库制作的企业捐赠的电子书刊。

②行政调拨。

作为构建公共文化服务体系的基础工程，文化共享工程的发展得到了各级行政部门的积极支持。在广电等部门的支持下，文化共享工程通过行政调拨的方式获得了很多由政府各级行政部门享有版权的文艺资源的使用权，如文化部就一次性将用于对外宣传的数十部文化专题片提供给文化共享工程。依据《中华人民共和国著作权法》和《中华人民共和国著作权法实施条例》，职务作品是指依靠法人或组织提供的资金、设备或者资料完成创作的作品，著作权由作者享有，但法人或其组织有权在其业务范围内优先使用。由于文化共享工程所征集的文化信息资源大多为文化行政管理部门下辖的职员创作，且大多符合职务作品的范畴，因此对于此类作品，可由相关文化主管部门签署授权书或合同书，授予文化共享工程的工作单位对其作品进行数字化加工与编辑的权利，通过全国文化信息资源共享工程各级中心及合作单位开展公益性的广播、信息网络传输与公开播映服务的权利，使用期限不低于10年。

③著作权人授权。

全国文化信息资源共享工程中的部分资源，如各个省分中心的讲座、各省非物质文化遗产的自拍视频、再加工整合创作的文艺作品、数字化加工的节庆节目、创作脚本并拍摄的各类纪录片、科教片等，这类节目在创作之初就是为了公益的目的，而非经济利益。文化共享工程或者通过协商获得免费授权，或通过支付适当补贴获得授权。在取得原创人员，即著作权所有人的授权后，文化共享工程就可以进行公益性传播。这类授权书一般在创作之前就已签订和明确了相关权利内容，以此确保文化共享工程能合法获得这类节目的许可使用。

④经费购买。

为满足基层群众需求，加快资源内容建设，文化共享工程通过市场采购的方式整合了一大批数字资源。如通过音像出版社、影视中心和版权代理机构等单位，以采购方式有偿获取资料的使用授权，数字资源一般包括适于农村的种植养殖、机械维修、健康保健等方面的多媒体影视和电子书刊，以及其他资源库建设中必须的文字、摄影、美术作品等。此外，在一些图书馆的支持下，文化共享工程还取得了众多文化专题讲座类作品的许可使用权。

⑤委托或协作创作。

文化共享工程将很多专题数据库委托给相关领域内的专家教授，聘请他们担任相关数据库的主编，或采取协作合作的方式进行作品创作，在合同中明确约定数据库著作权归文化共享工程所有，这样不仅解决了版权问题，还提高了数字资源库的专业性与权威性。此外，为高质量地完成资源建设任务，文化共享工程还将资源库制作的任务委托给专业机构完成，同样也约定制作完成后的资源库著作权属于文化共享工程。目前文化共享工程网站的大多数资源库基本采用此种方式完成。

三、数字图书馆未来发展的趋势

（1）数字图书馆的网络技术环境。

中国已经全面进入移动互联网时代，大（大数据）、智（物联网技术服务下的智慧城市）、移（移动物联网技术）、云（云计算）这四个特点既体现了当前数字互联网时代科技的高速发展，也给图书馆带来新的变化和机遇。数字图书馆的资源建设目标主要包括资源加工、存储、服务、互联网资源输出输入等。未来图书馆将本地资源与馆外资源根据用户需求结合起来，利用现代化手段管理馆藏，确立"大馆藏"思维。图书馆要利用移动互联网提供公共服务已经成为图书馆界的共识。根据《中国互联网络信息中心第26次互联网统计报告》（以下简称《报告》）显示，截至2016年12月，我国网民规模达7.31亿人，互联网普及率达到53.2%，超过全球平均水平3.1个百分点，超过亚洲平均水平7.6个百分点。《报告》显示，我国2016年全年共计新增网民4299万人，增长率为6.2%，我国网民规模已经相当于欧洲人口总量。其中，手机网民规模达6.95亿人，占比达95.1%，增长率连续三年超过10%。未来，凡有屏幕之处就有图书馆，手机、电视、iPad以及智能穿戴设备等，这些都有可能是图书馆的载体。

（2）数字图书馆的政策环境。

现代信息技术和传播技术应用于公共文化服务，必将推进公共文化服务数字化建设和现代传播能力建设。《中华人民共和国公共文化服务保障法》第二章第十五条明确规定，县级以上地方人民政府应当将公共文化设施建设纳入本级城乡规划，根据国家基本公共文化服务指导标准、省级基本公共文化服务实施标准，结合当地经济社会发展水平、人口状况、环境条件、文化特色，合理确定公共文化设施的种类、数量、规模以及布局，形成场馆服务、流动服务和数字服务相结合的公共文化设施网络。目前，全国文化信息资源共享工程已形成了覆盖全国农村和基层的公共数字文化服务网，与数字图书馆建设密切相关的数字图书馆推广工程构建起了以"一库一网三平台"为主要内容的覆盖全国的数字图书馆虚拟网。中办、国办《关于加快构建现代公共文化服务体系的意见》提出了新时期推进公共文化服务与科技融合发展的三大任务：一是加大文化科技创新力度；二是加快推进公共文化服务数字化建设；三是提升公共文化服务现代传播能力。国家图书馆副馆长魏大威曾表示："国家数字图书馆推广工程"建设内容可概括为"一库一网三平台"，即建设一个海量分布式数字资源库群，建设覆盖全国公共图书馆的数字图书馆虚拟网，建立优秀中华文化集中展示平台、面向不同用户群体的开放式信息服务平台、国际文化交流平台。

2017年8月1日，文化部印发《文化部"十三五"时期公共数字文化建设规划》（以下简称《规划》）的通知（文公共发〔2017〕18号）提出到2020年，基本建成与现代公共文化服务体系相适应的开放兼容、内容丰富、传输快捷、运行高效的公共数字文化服务体系。"十三五"时期，是基本建成现代公共文化服务体系的冲刺阶段，是落实国家"互联网+"行动计划、大数据战略和推进公共数字文化发展的重要战略机遇期，也是数字图书馆发展的政策机遇期。《规划》中明确了"十三五"时期公共数字文化建设的九项重点任务，包括构建互联互通的公共数字文化服务网络；打造公共数字文化资源库群，加强资源保障；创新服务方式，提升服务效能；统筹推进重点公共数字文化工程建设；鼓励和支持社会力量参与公共数字文化建设；加强公共数字文化建设管理等。其中，与数字图书馆发展密切相关的目标任务内容主要有以下几个方面：全国县级以上公共图书馆均具备数字图书馆服务能力，全国50%以上的文化馆具备数字文化馆服务能力，文化信息资源共享工程基层服务点实现提档升级；推动县级公共图书馆接入数字图书馆推广工程服务平台，完善数字图书馆推广工程服务网络，促进各级公共图书馆数字资源的整合与共享；建立标准化和开放性的数字图书馆系统，打造基于新媒体的数字图书馆服务业态，提供"互联网+借阅""互联网+信息服务"，形成面向移动终端、贯通线上线下的服务新格局；推进数字图书馆、数字文化馆、数字美术馆、数字博物馆建设，开展线上服务，提高公共文化服务信息化、网络化水平；鼓励公共文化机构建立互动体验空间，充分运用人机交互、虚拟现实、增强现实、3D打印等现代技术，设立阅读、舞蹈、音乐、书法、绘画、摄影、培训等交互式文化体验专区，增强公共文化服务互动性和趣味性等。《规划》还将地方特色文化资源库、公共图书馆基础资源库、面向特殊群体的数字图书馆等内容列入公共数字文化资源库的重点项目建设，同时提出加强公共数字文化建设管理，即要加强对公共数字文化的内容监管、网络安全管理，还要完善公共数字文化建设标准规范、加强绩效考核评估等。

这些信息都预示着数字图书馆迎来了新的发展机遇。数字图书馆的未来发展，必将是资源共建、服务共享、标准规范研制和管理协调的时代。

第二章 数字资源建设

第一节 特色数据库建设

一、系统简介

当前,特色数据库建设在高校图书馆数字化建设中占据重要地位,也是图书馆数字化建设的核心和发展方向。特色数据库是高校、公共图书馆在以各自馆藏特色基础上建立起来的具有本馆、本地特色的文献信息资源数据库。

特色数据库的建设极具价值和生命力,这种价值和生命力主要通过质量保障来体现。在特色数据库建设中要把握三个控制,即建库初始的质量控制、系统建设的流程控制、具体应用的技术控制。特色数据库建设是一个复杂的系统工程,工程建设流程包括选型论证、规划设计、收集整理、加工分类、网页建设与管理维护等环节。

二、特色数据库建设系统的选型

目前主流的数据库建设系统有义华、同方、方正、麦达、TRS、中数创新、国图数字等。选择一款功能强、兼容性好的建库软件对图书馆来说非常重要。图书馆在引进建库软件之前,可通过多种途径对软件平台进行调研,如通过网上调查、问卷调查、实地考察、功能测试等途径,对特色数据库建库软件进行比较,选择一款真正适合本馆特色数据库建设的软件。具体来讲,可依据以下原则进行选型:①软件的适用性和可操作性;②支持的协议,运行的速度和稳定性;③软件功能是否全面、界面是否友好、数据维护是否简便、功能是否强大;④软件的兼容性和可扩展性;⑤软件的安全性、可靠性等。

三、特色数据库建设系统的功能评价

一个比较完善的特色数据库建设系统，一般都要实现一些必备的基本功能，如用户管理、纸本加工（图文扫描、文字OCR识别、资源加工、目录编辑等）、资源导入、数据转换（含文本与图像转换、元数据生成与编辑等）、资源加工控制、元数据标引、数据检索与发布、系统管理与维护等。

评价一个特色数据库建设系统，其功能的强大、性能的卓越主要从接口和其他功能方面来衡量。具体来说，可从以下几个模块功能是否实现来检测和评估系统的性能：

1. 运行平台：基于Java平台，可运行在Windows和Linux等多种操作系统上；基于Windows平台则只能运行在Windows系统上。

2. OAI收割接口：参数配置、收割地址管理、正确解析基本命令、支持UTF-8编码、处理和记录异常等功能实现与否。

3. 多种类型的元数据著录：古籍、舆图、地方志、期刊论文、会议论文、学位论文、电子图书、音频资源、网络资源等数据著录，能否正确解析它们的地址权限、参数、复杂对象和文件对象等。

4. METS收割接口：古籍、舆图、拓片、家谱、地方志、论文、电子图书、网络资源等数据收割，能否正确解析收割命令、返回METS数据包、处理和记录异常、配置与管理收割地址、配置收割类型等。

5. Open UR1接口认证：能否实现资源调度系统发出的各种请求（如Open UR1请求）。

6. 统一认证接口：本地认证模式、统一认证模式、本地和统一双重认证模式能否支持；配置认证模式、配置统一认证的角色和权限等功能实现与否。

7. 日志统计与日志文件记录：日志记录（如操作日志、著录日志、检索日志、浏览日志、下载日志、OAI收割日志和METS收割日志）、日志维护（如清空、备份、导入、导出）、日志统计等功能是否实现。

四、特色数据库建设系统公司与产品

（一）CDI CM内容管理软件

CDI CM内容管理软件是北京中数创新技术有限公司开发的数字资源管理软件，系统主要针对文本、图片、音频、视频等多媒体信息进行元数据加工。CDI系统主要应用于数字资源的建设和管理，广泛应用于政府、高等学校、图书馆、档案馆、博物馆、科研所、出版社、企事业单位等部门的文献资料的建设。例如，清华大学图书馆利用 CDI 建设"人物特色资源库"；中国农业大学图书馆基于 CDI 建立若干资源库，如教师信息库、课程信息库、项目信息库、论文信息库；中国人民大学采用 CDI 系统，建设"经济学学科知识门户"，下设学术论著库、专家学者库、学术会议库、学术机构库、科研项目库、信息来源库、案例事件库 7 个基础资源库，共计 70000 余条数据；北京高校网络图书馆采用 CDI 系统建立教师库、学科专业库、课程库、机构库、教材教参库、精品课程库、教师论著 7 个资源库。

CDI CM 是集数字资源加工、信息发布、浏览、检索、运行与应用于一体的数字资源管理软件。CDICM 系统的主要功能和特点如下：①多文件格式检索。支持 TXT、DOC、PPT、X1S、HTM1、PDF 等格式的文件的全文检索。②数据转换。支持 MARC、XM1、关系数据库等格式的数据的导入与导出，支持 TRS、TPI 等其他系统格式的数据的导入与导出。③数据著录。支持文本、图像、音频、视频、动画等所有格式文件的著录，文件的大小和数量不限。④权限控制。系统支持字段、页面、数据、内容、资源库等多级别的权限控制。⑤数据生成。系统采用 XM1、XS1T 技术动态生成数据，动态数据库间相互链接。⑥数据发布。可按操作人员、时间、字段、资源库等组合发布数据，支持多网站、多栏目节点动态发布数据。⑦数据收割。系统支持 OAI 元数据和 METS 对象数据的收割。

(二)TRS 数据资源建设系统

TRS 系统是北京拓尔思信息技术股份有限公司开发的全文数据资源建设服务平台。北京拓尔思公司被列为国家重点扶持软件企业，公司的核心技术理念为搜索信息、整合内容、发现知识，专注于海量非结构化信息软件的研发、销售和服务。TRS 系统成功应用于图书馆、科研所、政府、企业、银行、出版社等部门，如国家图书馆、湖南大学图书馆、国防大学图书馆、中国国防科技信息中心、人民出版社、人民教育出版社等。例如，湖南大学图书馆利用 TRS 系统建立了人物库、重点学科导航数据库、学位论文数据库，实现了金融数据库的数据迁移和重新建库，实现了网上参考咨询服务，借助 TRS 和 TRSWAS(发布系统)，建立了中国首家书院文化数据库。TRS 系统主要应用于非结构化的信息管理服务、企业搜索和电子商务引擎服务、内容管理和企业信息门户服务。

TRS 系统的功能和技术特点如下：①多种格式的数据管理。系统支持 TXT、HTM1、PDF、DOC、MARC、RTF 等格式的数据的管理、存储和检索等，支持字符型、数值型、日期型等多种数据类型。②多语种、多编码。支持中文、英文、俄文、法文、德文等语种的数据的存储和检索，支持 GB2312、GBK、BIGS、UTF8 等字符编码。③智能检索。系统支持分词词典、分词规则的扩展检索，支持自然语言检索。④检索结果展示。系统支持按字、句、词进行简单检索,支持位置、二次、词根、渐进等专业检索。⑤安全机制。系统具备字段级、记录级、数据库级、系统级4层级别的安全管理机制。⑥扩展性和开放性。支持数据过滤、定制开发、全文索引等功能的扩展。开发接口开放,如系统提供API接口、ADO组件、Java平台组件等,满足用户实际应用的开发需要。

(三)DIPS数字文献处理系统

1.DIPS系统概述

DIPS数字文献处理系统是成都国图数字信息有限公司开发的数据库建设系统。系统着重解决图书、情报、档案等领域的文献资料的数字化。DIPS系统以全文检索技术为基础,是集资源数字化加工、数字内容管理、信息发布、信息检索于一身的综合文献信息处理软件。DIPS系统解决了大容量数据管理及多用户并发的需求,对地方文献、影像资料、网络信息等多种格式的文件信息进行数字化加工和管理,建立非结构化的特色数据库,通过互联网络向用户提供信息发布、资源检索利用等功能。系统广泛应用于高校图书馆、公共图书馆、政府、新闻媒体、档案馆、研究所、中小学校、企事业单位等,如南京大学、中国国防大学、中国科技大学、国家图书馆、中央电视台、合肥市图书馆等单位的信息资源整合、数据库建设和校园网络工程建设。

2.DIPS功能特点

(1)全能检索。系统提供多种途径的全文检索功能,如跨库检索、渐近检索、分类检索、组合检索、关联检索、扩检缩检、重复检索等,并对检索结果进行排序。

(2)安全机制。提供字段级、记录级、数据库级、系统级、IP地址级、用户级等多级别的安全控制。

(3)异构存储。系统支持在同一个资源数据库中存储不同格式或类型的文件资源,如支持文本文件、图形文件、多媒体文件、网页格式文件等类型。

(4)接口开放。数据结构开放、程序接口开放、资源加工处理开放。

(5)标准规范。数据格式符合国际标准、数据描述符合国际国家元数据标准、数据传输数据安全控制符合国家安全标准,数据存储和交换符合CA1IS规范。

(6)图文关联。系统以图文关联为理念,应用"图文数据库"技术,实现了在图像文献中进行内容的检索。

(7)PDF数据检索。系统采用基于PDF格式文档的全新数据库,检索关联到页,标注并显示检索内容。

3.DIPS系统结构

DIPS系统由数据加工、内容管理和信息发布3个模块系统构成。各模块之间既相对独立又相互关联,分别用于数据加工、数据管理、数据发布等功能的实现。

DIPS 数据加工模块，主要采用客户端与服务端相结合的网络结构，即允许多个客户端用户独立或协同进行资服数据的加工操作，可处理的数据格式有 TXT、PDF、HTM1、DOC 等文本格式数据，MARC 数据，ODBC 关系型数据，JPEG、BMP 等图像格式数据，音频、视频格式数据，光盘数据，自定义格式数据等。DIPS 数据的加工步骤如下：①通过批量处理、转换、导入等获取初始数据；②通过对初始数据进行识别、压缩、装订、标引、校对、审核等二次加工处理，产生入库文件。

DIPS 内容管理模块，也是一种客户端与服务端相结合的网络架构，支持多个客户端用户独立或协同完成系统数据库、库模板、入库文件、词表、词典和用户等对象的维护和管理。DIPS 内容管理可完成的任务包括数据库的建立、数据库数据动态加载、数据库数据的维护、记录导出、记录下载、索引建立、库体操作、入库文件的追加、发布设置、模板创建、导航设置、检索词创建与维护、安全控制、用户注册、权限分配等。

DIPS 信息发布模块，采用浏览器与服务器相结合的网络架构，主要完成 DIPS 数据库的信息发布、用户个性化定制、检索、应用等功能。DIPS 信息发布支持多种资源展示模板，如图片、文献、多媒体、综合等资源模板，能够根据数据库各自的特性自动生成发布页面。DIPS 信息发布系统的主要功能如下：①支持用户对所生成的网页进行个性化修改，如允许用户按各自的需求建立新的发布模板；②支持个性化设置和信息推送，动态生成用户数据，提高系统数据库资源的利用率。

第二节　附书光盘管理系统

一、图书馆光盘资源现状分析

光盘资源是图书馆馆藏资源的重要组成部分。光盘资源的种类很多，有多媒体、数据库、音乐、视频、照片等多种类型的光盘。另外，光盘资源的文件格式也很丰富，如文档类、程序类、数据类、图片类、视频类等。

当前许多图书馆在光盘资源的管理、利用等方面还存在诸多问题：①光盘资源种类多，格式不一致，难管理；②光盘资源的保存、管理、利用等还处于手工状态，没有实现数字化；③光盘资源的保存受到时间、环境等诸多因素的影响，难以保证数据的安全；④光盘资源的管理手段不专业、效率低；⑤光盘资源存在产权保护、存取权限、数据安全等问题。

因此，光盘资源如何长期、有效地保存并发挥其最大的利用价值，以方便读者使用，这是目前图书馆必须解决的一个重要问题。如何让光盘资源更好地服务于教学和科研，为广大用户建立一个资源检索、学习交流、合作研究的良好平台，是当前数字图书馆建设的重要内容。

二、附书光盘管理系统简介

附书光盘系统主要以非书资源的专业化管理为基础，借助大容量的存储介质，实现对非书资源的存储、备份、管理、维护，实现非书资源管理的规范化和自动化，解决海量非书资源的保存和管理等问题。附书光盘系统主要用于对非书资料信息（如书后光盘、磁带等）进行加工、发布、浏览等，其完成的主要功能有以下几个：①对各种附书光盘进行有效的管理；②对各种附书光盘进行高效、规范的存储；③提供专业、开放式的检索平台，方便用户对光盘资源进行快速检索、浏览、下载等。

三、附书光盘管理系统开发商及产品

（一）畅想之星随书光盘管理系统

畅想之星随书光盘系统是由北京畅想之星信息技术有限公司开发的。公司主要从事图书馆信息管理系统的开发、销售以及数据加工，其开发的畅想之星软件目前广泛应用于各高校图书馆、公共图书馆和专业图书馆，如北京大学、清华大学、上海交通大学、南京大学、中山大学、中国人民大学、复旦大学等图书馆，其中985、211高校用户颇多。

畅想之星随书光盘云平台的推出，突破了区域的限制，使资源达到最大化共享，实现了全国光盘资源的共建和共事，大大节省了图书馆硬件设备的建设，节约了人力资源的投入，云平台主要提供 SaaS（软件即服务）、DaaS（数据即服务）、PaaS（平台即服务）等服务。通过此平台，用户可以轻松地下载所需要的光盘信息资源。畅想之星云平台的功能特点如下：①"云"控制中心可以将不同运营商网络环境下的服务器群和网络带宽进行链路聚合，不仅访问速度、系统可靠性大大提高，而且保证24小时提供服务；②云平台突破了区域概念，实现了资源的全国性的共享；③完善的数据加工系统，年更新近1万种光盘、近900TB的光盘数据，各个镜像点都提供网络推送服务，数据下载有保障；④云平台对外服务接口开放，各用户可根据需要修改、定制操作界面，以及开发新的功能；⑤云下载引擎支持4GB以上的大数据下载，系统支持断点续传；⑥云平台支持各版本的Windows操作系统，支持数据版权保护。

（二）盘源随书光盘管理软件

盘源光盘软件由北京盘源科技发展有限责任公司负责开发设计。盘源、光盘系统能够很好地将软、硬件结合起来，代表行业的主流方向，系统广泛应用于图书馆、档案馆、公检法等部门。

盘源、光盘管理的工作分为管理软件、保存设备、相关服务和信息反馈4个方面，即光盘管理的4S理论，它已成为行业内公认的光盘管理服务标准。4S理论如下：①管理软件（Software）。实现光盘离线管理，内容信息在线利用。②保存设备（Store）。光盘介质本身，提供安全、规范的物理保存环境。③相关服务（Service）。提供完善的光盘管理的整体数字化解决方案。④信息反馈（Survey）。充分考虑用户的使用需求，将需求融入系统的完善和发展上。

盘源光盘管理系统致力于光盘资源的制作、保存、检测、管理和利用，它以光盘载体介质为对象，以光盘数据的保存、保护、管理、利用为主要模式，实现对光盘的数字化解决，大大提高了图书馆光盘资源的利用率。

盘源光盘管理平台的建设旨在打造光盘资源的制作、浏览、借阅、下载、镜像服务、存储保护为一体的资源共建共享服务平台，努力实现集结构优化、功能强大、安全可靠、应用简便、软硬件管理于一体的服务保障系统。

（三）盛赞光盘管理系统

盛赞光盘管理系统是北京盛赞科技有限公司开发的产品，该公司致力于数字信息资源光盘管理和备份等领域的研究，探索光盘的备份、管理、检测、应用等高新技术前沿。盛赞光盘管理系统主要应用于图书馆、档案馆等单位，实现光盘的自动化管理。目前应用该系统的用户有中国科学院国家科学图书馆、国家知识产权局、中国第二历史档案馆、中央美术学院图书馆、中央财经大学图书馆等。盛赞光盘管理系统提供了规范的光盘管理平台，支持多媒体、音频、视频、文本信息等格式的数据光盘的著录，可按不同的分类、著录、标引等进行查询和检索。系统的主要功能特点如下：①控制功能。可自动控制光盘存储设备的联机、指示、驱动和感知等。②安全管理。对不同层次的用户、系统授予不同的管理权限，用户根据权限执行相应的操作，实现光盘的集中、专业化管理。③日志功能。系统对用户的各项操作进行日志自动记录，实现操作的追踪查询。④分类统计。支持光盘数据的分类管理和分类统计，系统可自动、高效地进行数据分类，并可自动生成数据报表和统计报表，以便打印输出。⑤智能管理。支持光盘的离线管理、借阅管理，支持用户借阅等级的设置，如限定借阅数量和催还期限等。⑥智能查询。支持Web格式的信息查询、目录查询、图片查询、申请查询等。

第三节 机构库的建设与实践

云计算和开放源代码是近几年来对互联网发展产生重大影响的最新技术,而且都与图书馆的发展有关。最为典型的应用就是机构库。机构库收集并保存了一个或者多个学术机构的知识资源,在当前学术交流体系改革的诸多要素中扮演着关键角色,即扩大对研究资源的存取能力,重申了学术机构对学术的控制力,增加了竞争力,减少了期刊和杂志的垄断性,增强了经济自救力和与各类机构及图书馆之间的关联性等。本节将回顾机构库的发展历程,对比主流的机构库建设平台,结合实际情况进行自建机构库的选型,同时详细介绍自建机构库的部署过程和数字资源的建设过程,最后论述今后机构库的管理机制和发展展望。

一、机构库的起源及发展趋势

(一)机构库的起源

20世纪90年代,对机构库影响深远的开放存取(Open Access)运动在全球范围内受到重视,在高能物理学领域,科学家们迫切需要与同行交流他们的期刊预印本。1991年8月,美国的一所国家实验室创建了ArXiv电子文档库,后于2001年转给康奈尔大学进行管理和维护,研究的学科也由起初的高能物理发展到数学、物理、非线性科学、计算机和生物5个领域,ArXiv库的问世为机构库的发展奠定了基础。2001年,在俄亥俄州立大学的几位高级行政官员和图书馆馆长布兰宁(Joseph J.Branin)的共同策划下,建立了全球第一个机构库,即俄亥俄州立大学知识库(Ohio State University Knowledge Bank)。之后,一些高校纷纷效仿,建立了以发展大学学术数据库为目的的机构库,如杜克大学乐谱库、约克大学考古库、弗吉尼亚理工大学影像库等。其中,影响力最大的是麻省理工学院(MIT)建立的Dspace系统,该系统建于2002年,由学校图书馆和惠普公司(Helett Packard Co.)共同研发。系统始建初衷是为了让研究人员制作的1万多件电子版学术内容实现网上共享。

(二)机构库的概念及特征

机构库(Institutional Repositories,IR),也称为机构知识库、机构仓储和学术典藏库。根据维基百科的阐述,它是一个收集、保存和传播某个机构(尤其是研究机构)的数字形式知识产出的在线地点。美国SPARC高级顾问、机构库权威专家Crow认为机构库是学术机构为捕获并保存机构的智力成果而建立的数字资源仓库。

机构库有两个典型特点：①克服现有学术交流模式的弊端，实现研究成果真正意义上的开放存取；②长期保存机构的研究成果，并借此体现机构的学术声望、学术水平和社会价值。

美国网络信息联合会（CNI）执行董事 Lynch 认为一个大学的机构知识库是学校为师生员工提供的一套服务系统，用于管理和发布由其所产生的数字化资料。作为学术出版的一种补充，机构库能够促进更加广泛的学术交流，如传播"灰色文献"（被传统出版商所忽略的一些资料）。

加拿大研究图书馆协会（Canadian Association of Research libraries, CAR1）则提出，所谓 IR 就是指搜集、存储学术机构成员的知识资源，并提供检索的数字知识库。同时认为 IR 可以作为一个全球知识库的子库，为世界范围内的网络用户服务。

因此，本书认为高校范畴内的机构库是指收集、存放由某个或多个高校所有师生创造的、可供学术机构内外用户共享的学术文献数据库。存储的主体是学术机构本身，免费向全世界开放，并可在机构间互操作。机构库永久保存的文献类型涉及预印本、学位论文、工作报告、多媒体数据、会议论文、会议纪要、教学资料和实验结果等。

（三）机构库的技术平台

目前建立机构库的软件系统很多，如 Dspace、Fedora、ARNO、CDSware、EPrints、iTor 和 MyCoRe 等平台，对各高校或者学术机构都是开放的，可自由使用。

1. Dspace 系统

Dspace 系统是由美国麻省理工学院图书馆和美国惠普公司实验室合作开发的，于 2002 年 10 月投入使用，以内容管理发布为目标，是一个源代码开放的数字存储系统。

Dspace 系统是一个源码开放的软件平台，可以自由使用、复制和修改，该系统采用 Java 编程语言编写，以 PostgreSQ1 为后台数据库，以 Apache 或者 Tomcat 作为 Web 运行平台。Dspace 系统支持存储期刊论文（Journal）、学位论文（Paper）、预印稿（Preprints）、会议论文（Conference Papers）和技术报告（Technical Reports）等文件类型，利用免费搜索引擎 Lucene 向用户提供功能强大的检索，Dspace 系统允许管理人员索引新内容、重建索引以及在指定范围内检索。Dspace 迅速发展成有剑桥大学、康奈尔大学、俄亥俄州立大学、罗彻斯特大学、多伦多大学和华盛顿大学等 6 所著名大学直接参与的联合机构库。

Dspace 系统是当前国内外学术机构建立机构库的首选，根据 Open DOAR 网站的统计显示，截至 2015 年 8 月，有 41.2% 的机构库都采用 Dspace 系统作为其机构典藏的建设平台。

2.Fedora 系统

弗吉尼亚大学和康奈尔大学共同开发了 Fedora 系统，该系统建立在数字对象和仓库结构的基础上，具有很强的灵活性和扩展性。在 Fedora 系统上，可以建立功能全面的机构库和支持相互操作的数字图书馆。目前该系统可以对 10 万个对象进行有效操作，新的版本有望增加一些重要功能，如政策的执行、对存储对象的翻译以及支持多种类型、大容量的数据库。

Fedora 系统由 3 个模块组成：①管理应用编程接口（Application Programming Interface，API），规定了机构库管理人员的界面；②存储应用编程接口，有助于了解机构库的收藏和收藏对象的传递；③支持 http 网络服务的存取，支持各种复杂的数据库，从"箱子里取书式"的单一服务升级到面向用户的且具有较全面功能的分布式数字服务。

3.ARNO 系统

ARNO 系统开发的目的是为了提供一种能够创建、管理和揭示以 OAI（Open Archives Initiative）为元数据标准的机构库。该系统可以对机构库的内容、终端用户进行集中的创建和管理，它把不同社区的元数据和元数据所对应的内容统一到一个文件库中，各个文件库再组合成一个机构库。反之，机构库的元数据也可通过使用 OJA 协议的收割标准而被收割。ARNO 系统作为一种内容管理工具，有很强的灵活性，但并不是一种自主式的机构库系统，系统目前尚不能提供成熟的用户终端界面。

4.EPrints 系统

EPrints 系统是由英国南安普顿大学开发的，于 2000 年年底发行了第一个版本。在机构库发展的起步阶段，该系统是使用较多、分布较广泛的一种。至今，EPrints 系统仍受到 14.9% 学术机构的青睐。系统现在被英国联合信息系统委员会作为"开放引用工程"（the Open Citation Project）的一个组成部分与国家科学基金会（the National Science Foundation，NSF）共同支持。EPrints 系统以 Linux 或 Windows 为系统平台，并将数据库和 Web 发布平台捆绑在 EPrints 系统的安装包中，安装简便、易操作，支持各种元数据标准，并提供整合的高级检索和扩展的元数据，系统灵活性较大，提供按需开发的各种接口及模块。

二、国内外机构库的应用情况

（一）美国的机构库建设

美国机构库的建设开始于 2002 年 11 月，由麻省理工学院图书馆和惠普实验室共同发起。美国的密歇根大学于 2006 年组织了全美机构知识库普查，调查发现，全美机构库的数量已经发展到了一个相当大的规模，而且基本上都是由图书馆负责构建的，图书馆工作人员在机构库建设的各个阶段都扮演着领导角色。在建设初期，图书馆馆长是主要角色，而在后期，图书馆工作人员是建设的主体。

美国图书馆联盟于 2008 年启动了 Hathi Trust 机构库项目，旨在对数百万册的图书进行数字化建设与保存，并为这些公共领域的资源提供在线阅读服务。Hathi Trust 项目是由美国的 23 所大学图书馆共同发起的。至今为止，Hathi Trust 机构库已拥有超过 200 万卷的、约 7.5 亿页的数字资源。

DSPACE 起源于美国，是目前在机构库建设中使用最广泛的软件之一，美国有多所大学都参与了 DSPACE 联盟项目的开发和研究。此外，DSPACE 联盟还成立了机构库研讨会，专门对机构库建设的技术、内容、质量以及成本等方面进行研究。美国麻省理工学院图书馆基于 DSpace 软件开发的在线机构库很完善，资源很丰富，是一个多学科的综合在线机构库，涵盖理科、工科以及少量人文社科，内容包括期刊论文、学位论文、会议论文、科技报告、工作底稿、多媒体文件等电子形式的教学和科研成果。

（二）我国机构库的发展与建设

2004 年我国开始引进机构库，利用中国知网的"学术趋势搜索"和万方的"知识脉络分析"，以"机构库"为检索词，检索我国近几年来对机构库理论研究的走势，检索结果显示，我国机构库的理论研究一直呈上升趋势。但是，机构库的实践与应用，以中国名义在 Open DOAR 上注册的机构库只有 7 家，其中在我国大陆地区的仅有 3 家。据 Open DOAR 调查分析，高校图书馆是开展 IR 建设最积极的单位，但国内高校对建设 IR 的态度却十分保守，建成的高校 IR 仅有厦门大学机构典藏库，另外两个分别是中国科学院知识存储库和中国西部环境与生态科学数据中心。

目前，我国机构库建设平台大体分为三种：一是中国科学院的 Cspace 模式；二是 CA1IS 中心正在发展的"高校机构知识库"；三是各个高校及学术机构的自建数据库模式。

第三章 数字图书馆的服务

第一节 数字图书馆的虚拟参考服务

一、虚拟参考服务的概念

虚拟参考服务 VRS（Virtual Reference Service）是一种基于互联网（或万维网）的帮助服务（help services）机制。通过它，用户可以电子的方式（电子邮件、Chat、Web Form 等）提出各种问题，请求网上的"信息专家"给予回答，而信息专家的回答也以电子的方式反馈至用户。因此虚拟参考咨询服务是一项基于互联网的服务，不受系统、资源和地域等条件限制，能利用相关资源通过专家为用户提供 24 小时不间断服务，并能使用户在限定的时间内获得可靠答案的新型虚拟咨询服务。其实质是通过网络化、数字化的手段为用户提供咨询服务，帮助用户获取所需信息。

VRS 具有两个明显的特征：首先，区别于传统图书馆参考服务中用户与参考馆员直接面对面或电话式的信息传递方式，VRS 中用户的提问和专家的回答采用了当今主流的网络信息交流工具；其次，区别于一般网络信息搜寻过程，VRS 是以多主题领域的信息专家直接响应用户的各种提问，是一种人工协调的提问—回答服务（question-and-answer services）。专家对用户提问的回答可以是直接、事实性、知识性的最终答案，也可以是印刷版、数字化的源信息的指示线索，或者是两者的有机结合。虚拟参考服务的实现必须具备的基本条件有计算机网络环境、数字化参考咨询服务系统、数字化参考咨询源、资深的参考馆员。其工作机制主要包括以下几个步骤：

第一步，问题接收（question acquisition）：以各种电子方式接收用户的提问。

第二步，提问解析和分派（triage）:对接收到的用户提问进行分析、筛选、评估，并查询先前的问题/答案保存文档，看是否有现成的答案。若无现成的答案，系统便将此提问按照一定的规则发至专家库（poll of possible respondents），以寻求能回答问题的最合适的专家，专家库则根据一定的规则顺序回答问题。

第三步，专家生成答案（expert answer generation）：专家根据自身知识和可获取资源，按照一定要求回答问题并产生答案。

第四步，答案发送（answer set）：专家回答问题后，答案粘贴在系统的回答页面供用户进行查询浏览，当然，答案也可以直接发送至用户电子邮件信箱。

第五步，跟踪（tracking）：通过所记录的提问信息来了解每个问题的处理情况，如有需要，可随时将当前处理的状况通报给用户，而每个问题回答后，需将问题和答案进行存档，以便日后查询，这样就逐步形成了供检索的知识库。

二、数字图书馆虚拟参考服务的模式

数字图书馆虚拟参考服务的一般模式有如下几种：

（一）静态的网上咨询服务

该方式中，咨询服务的提供者与接受者之间不发生实时的动态"接洽"，虽然有时一些服务的提供方会定时或不定时地更新其服务内容，但主要服务方式并没有改变。内容包括借阅须知、书目查询、查找资料、网上新书通报、图书馆布局、常用资源介绍、学科导航、读者服务与读者指南、数据库等。

（二）基于电子邮件的虚拟参考咨询服务

这是虚拟参考咨询最早、最简单，也是最流行、最易实现的模式。美国佛罗里达州大学的图书馆于1989年秋季首创电子邮件咨询服务，以后几年里逐渐在大学图书馆和公共图书馆流行。这种模式的表现形式不尽相同，大致有两种形式。

最简单的形式是通过链接直接进入，一般是Microsoft（美国微软公司）的Outlook电子邮件应用页面，收件人地址是系统默认的，读者根据自己的需要，如同和一般人交流那样书写信件内容，然后发送即可。接受咨询的一般为参考咨询部门，参考咨询部门收到提问后，通过各种途径，将取得的直接结果信息或者是获取这些信息的途径与方法仍然通过电子邮件传递给读者。

另外一种服务形式是幕后的参考咨询馆员可以呈现在读者的眼前，使读者对各位参考咨询馆员的简历和咨询学科一目了然。读者可根据需求的学科范围，有针对性地选择咨询专家。读者填写提问表单提交或发送，问题通过电子邮件传递给相应的参考咨询馆员，不久，读者就能得到满意的答复。这种形式的服务，一般要求建立一个管理中心或由专人负责。读者的提问和参考咨询馆员的回答在系统设计时都会同时传递到管理中心，管理中心负责统计问答数据和读者信息，协调各参考咨询馆员的网上参考咨询工作。如果参考咨询馆员不能回答读者提问，管理中心或分派给其他咨询人员或自己回答读者提问。

（三）基于实时交互技术的虚拟参考咨询

由于基于电子邮件的虚拟参考咨询不能实现传统面对面咨询中实时交互的功能，人们开始寻求用新的技术和方法来提供能够实现实时交互的虚拟参考咨询服务。据ARL（研究图书馆学会）2001年对其70个成员馆的调查报道，其中有20个图书馆（占29%）已提供实时虚拟参考咨询服务。采用的技术主要是网络聊天室（Internet Chat）、网络共享白板（Stared White Board）、网络会议（Video Conferencing）和网络呼叫中心（Call Center Technology）。

使用Internet Chat技术实现虚拟参考咨询，如美国宾州大学商学院的实时参考咨询，主要是通过聊天软件如Live Person等作为支撑，建立虚拟参考咨询服务的聊天室，在图书馆网页上增加此虚拟参考咨询服务的链接。开设不同学科的小聊天室，参考咨询馆员是每个小聊天室的主持人，并对系统有一定的管理权限。读者通过浏览器进入图书馆网站点击"实时虚拟参考咨询"链接后，就启动了这个聊天性质的咨询系统，双方可进行文字形式的咨询交谈和传递咨询结果。

利用网络共享白板或网络会议技术可以让读者与参考咨询馆员通过图像和声音实现面对面的有声交流，又是另一种形式的实时交互虚拟参考咨询。一般利用Net Meeting等软件辅以摄像机、话筒、交谈窗口。系统除了聊天模块，还可以同时开启浏览窗口进行数据库检索，并将结果拷贝到聊天模块和白板上进行传输。这样，参考咨询馆员与读者可以面对面同步交流，及时显示图像和文字，达到读者到馆与咨询馆员当面交流同样的效果。

利用网络呼叫中心应用软件，可以集合电子邮件、聊天室、网络会议功能，并将它们与网页共享和应用共享技术相结合。系统提供咨询馆员一对一和一对多的咨询形式。在咨询过程中，双方可以实时传输各种格式的文件，参考咨询馆员可以通过系统同时向多个读者演示和讲解信息检索过程，实现类似远程互动教育的模式。

（四）网络合作化的数字参考咨询服务

这是由多个图书情报机构联合起来形成的一个分布式的虚拟数字参考服务网络，面向更大范围的网络用户提供的一种数字参考服务。它以浩如烟海的互联网资源及丰富的图书馆馆藏资源为依托、以全球图书馆及相关机构的数字网络为桥梁、以一批参考咨询馆员和主题专家为后盾，通过一定的咨询服务系统，为在任何时间、任何地点提问的任何读者提供参考服务。由于电子邮件和实时交互参考咨询的方便性和快捷性，很容易带来咨询请求量的急剧增加，参考咨询馆员也越来越多地遇到超过自身知识能力和图书馆可利用资源有限等难以一下解决的复杂问题。为了解决这些问题，及时、高效地为用户提供高质量的信息，各个图书馆在这项工作中产生了网上资源共建共享协作的理念，充分利用各馆的馆藏资源特色和参考咨询馆员的人力优势，开展跨专业、跨地区、跨国界的全球性的参考咨询协作。基于这种想法，人们开始探索利用网络技术建立多个机构甚至多个系统的合作化的虚拟参考咨询服务系统。

三、国内外数字化参考咨询服务的实践

（一）国外数字化参考咨询服务的实践

1. 美国教育部资助的虚拟咨询台系统（Virtual Reference Desk）

美国教育部资助的虚拟咨询台系统是一个代表性的合作咨询项目，它以80多个专家咨询网站为基础，为中小学师生提供7×24小时的专家咨询服务。专家咨询网站，又称为AskA服务网站，网络用户可直接进入相应网站提出问题，这些问题被传给具有专家身份的人员，他们回答问题后，将答案用电子邮件传给提问者。一般每个专家咨询网站都有若干专家来回答问题，或者利用邮件群在一组专家中公布问题和征求答案。虚拟咨询台系统利用网络将这些网站集成在一起，用户可直接向虚拟咨询台提出问题，系统自动地利用所有专家咨询网站的资源来解答用户问题。

虚拟咨询台由一个分布式Meta-Triage系统和多个AskA网站构成，用户可通过Web、电子邮件等方式向咨询台提出问题，咨询台的Meta-Triage系统解析用户问题，用初步解析出的问题检索咨询知识库（咨询问题与相应答案库），或者交给网站搜索器检索AskA网站数据库来根据问题性质、用户身份、网站负担等确定合适的专家咨询网站。在这些处理过程中，系统将判断处理的正确性。如果正确性达到一定水准，就可直接进行下一步操作，否则将处理结果交给人工分析模块由专门人员进一步分析处理。人工分析模块支持多个人员分布式地利用有关数据库来进行答案正确性分析、复杂问题的性质分析、专家咨询网站确定和问题传送、重新编辑答案等。当问题被转给特定专家网站后，它会利用自己的资源和程序回答问题，在此过程中还可与用户交互来澄清问题，或者将问题交还给人工分析模块重新确定合适的咨询网站，或者自行连入其他专家或专家网站。问题传送将采用标准协议（Question Interchange Profile，QuIP协议），用XML语言标记，将对询问问题与答案、用户情况、处理要求、工作流控制、服务费用支付等进行规范化描述，保证合作各方准确无误地交换询问问题和答案，并控制操作过程。系统还将跟踪咨询过程并可激发相应处理，同时将询问问题和答案组织到咨询数据库中。虚拟咨询台所采用的标准问题交换协议、工作流控制、人工与自动相结合的问题分析、分布式分析模块等将有力地支持网络环境和实际经济条件下的合作咨询服务。

2. 美国的 CDRS

CDRS（Collaborative Digital Reference Service）的意思是联合数字参考服务。1999年1月，在美国费城举行的美国图书馆协会冬季会议上，美国国会图书馆在广泛深入调查研究的基础上撰写并递交了建立和开展联合数字参考服务的建议方案。经过一年时间的方案论证与进一步的修订完善，CDRS 的实验计划于2000年1月正式启动，并将整个计划分为三个阶段分步实施。2001年1月，在美国华盛顿举行的美国图书馆协会冬季会议上，美国国会图书馆与 OCLC 联合举行了一个题为"建立虚拟参考咨询台"的研讨会，并公布了双方合作建立与开展 CDRS 的协议。

CDRS 系统是一个由多个图书情报机构、相关组织和个人共同参与进行参考服务的联合服务系统。它的宗旨是在任何时候为任何地点提出问题的任何人提供专业的参考服务。该系统主要由成员属性文件（member profile）、提问管理器（request manager）、问答结果集（result store）、问答知识库（knowledge base）等组成。

CDRS 作为一个全新的网上联合参考服务系统，其工作流程与服务管理也是一种全新的模式。一般来说，CDRS 工作流程分为接受提问、分派提问、回复提问、存储答复和建立问答知识库等五个主要环节。

作为一个全球性的合作项目，CDRS 的成员发展非常之快，到2013年11月底，来自澳大利亚、奥地利、保加利亚、加拿大、韩国、新西兰、挪威、新加坡、瑞典、泰国、荷兰、英国、美国和中国香港地区的200多家图书情报机构、相关组织与专家咨询网站加入了 CDRS。目前它已成为全球规模最大、服务范围最广的网上数字化参考服务系统。

3. 英国的 Ask a Librarian

EARL（Electronic Access to Resources in Libraries）的意思是图书馆电子化资源的取用。该计划联合了100多所公共图书馆的力量致力于网络资源的开发。英国的"公共图书馆网络联盟"（the Consortium for Public Library Networking）旨在促进英国公共图书馆经由网络提供高质量的信息服务，其提供的"请教图书馆馆员"（Ask a Librarian）服务就是这样一种服务。

Ask a Librarian 是 EARL 公共图书馆网络联盟提供的服务中的一部分，1995年开始从英国公共图书馆网上获取项目信息，目的是充分利用网络优势为图书馆用户和其他公众提供服务。Ask a Librarian 于1997年11月推出，有40多个公共图书馆参与，到2011年10月，成员馆已经达到94个。对成员馆采用的是各个图书馆轮流值班的管理制度，即规定某一天由某个图书馆负责解答用户的咨询，该系统通过网页表格接收用户咨询的问题，按照用户的地域和年龄将问题通过电子邮件分发给当天值班的图书馆，咨询人员再将答案以电子邮件传回。国外成功的数字化参考咨询项目还有很多，如美国教育部的 Ask ERIC、美国密歇根大学的互联网公共图书馆、美国马里兰大学图书馆的"参考服务的电子化访问"、日本九州佐贺 5 所国立大学图书馆的数字参考服务联盟机制、芬兰 18 所公共图书馆联合提供的"请问一个图书馆馆员"的服务等。

（二）国内数字化参考咨询服务的实践

我国数字化参考咨询服务工作起步较晚，目前尚处于起步阶段，各图书情报机构开展的数字化参考咨询服务大多是单项数字参考咨询服务，只有上海市中心图书馆网上联合知识导航站、广东省中山图书馆图书馆专家联合导航等少数网站提供合作化数字参考咨询服务。

1. 上海市中心图书馆网上联合知识导航站

上海市中心图书馆网上联合知识导航站是在初步实现上海市文献资源共建共享基础之上，由上海图书馆牵头并联合上海地区公共、科研、高校等图书馆及相关机构，为适应世界图书馆事业发展新趋势，面向现代化、面向世界、面向未来，率先在国内推出的一个旨在向各专业技术和研究人员提供高质量专业参考咨询和知识导航的新型服务项目。导航站于 2001 年 5 月 28 日开始运行服务。它以上海地区图书馆及相关机构的馆藏资源为基础，以互联网的丰富信息资源和各种信息搜寻技术为依托，以上海图书情报界的一批中青年资深参考馆员为网上知识导航员，通过开发和利用馆藏资源和网络信息资源，实现上海各类图书馆网上参考咨询服务的优势互补，充分发挥图书馆在知识经济社会中为各行业服务的知识导航作用。该导航站的最大特点是专家问询。现由来自上海图书馆、上海交通大学图书馆、复旦大学图书馆等单位的 17 位中青年参考馆员组成导航专家队伍。他们提供咨询的领域有社会科学、语言文字、宗教、生物医学、农业、计算机管理、工程技术、化学化工、教育与心理学等多方面。

2. 广东省图书馆专家联合导航站

图书馆专家联合导航站的导航队伍由广东省立中山图书馆、超星数字图书馆、中国社会科学院、广东省公共图书馆、解放军医学院图书馆等单位的研究馆员和网上知识渊博、热心参与的读者共同组成。它以图书馆馆藏资源为基础，以互联网的丰富信息资源和各种信息搜寻技术为依托，为社会提供网上参考咨询和文献远程传递服务。该中心的服务口号是"找不到书？请来找我！"，服务的承诺是努力做到有问必答并在 24 小时内答复，服务的方式是远程文献传递和在线阅览。它可提供的数字化资源有图书资料 50 万种，中文期刊论文 1000 多万篇，读者可直接阅读和获取全文。链接原文的网站有超星、中国数图、E 书时空、亦凡书库等数十个网站。该中心的导航系统技术先进，功能强大。主要功能有：联机实时提问和解答，回复问题时自动电子邮件服务，网上阅读和下载，自动建库和检索，解答窗的文本编辑功能（具有 word 的文本编辑、图像粘贴、超文本链接等功能），数字图书馆基本功能的集成与无缝链接。

国内外虚拟参考咨询服务的实践表明，开展虚拟参考咨询服务是为了适应知识经济时代发展的需要，通过图书情报界的共同参与和开发，实现数字资源和智力资源的共享。但在数字参考咨询服务的实践中仍有许多问题制约着数字化参考咨询服务的发展，如知识产权问题、质量规范问题、参考馆员队伍建设问题等。

第二节　数字图书馆的主动推送服务

一、信息推送技术

推送技术（Push Technology），又称网播技术（Web Casting），是网络服务器实现主动向客户机传递信息的一种新型服务方式。它克服了以往网络信息采取拉技术（Pull Technology）的被动服务方式。拉技术的网络信息传输方式是 Browser（浏览器）发送服务需求，在所属数据库中进行检索，查找到用户所需的信息后，再把信息传送给 Browser 所属的计算机。推送技术应用于浏览器，是服务器主动向客户机传送信息。推送技术实质上是指一系列的软件，这种软件可以根据用户提交的用户兴趣文档（User Profile）自动搜集用户最可能感兴趣的信息，然后根据用户指定的时间间隔，将信息报送到用户的计算机上。

推送技术的核心思想是建立一个信息代理机制，把由客户端担负的责任转给服务器，由服务器将用户定制好的感兴趣的网上信息用推送或网播的方式直接传送到用户面前。推送客户机软件要求用户必须预先在代理服务器端注册进行信息的初步定制，并向服务器提交个人需求信息。用户在初次使用时，要设定自己所需的信息频道，定制信息将通过互联网自动传播给用户。服务器端主要由一个网络信息搜集器和基于内容的缓存系统来管理网上的动态信息，同时利用自动分类、信息过滤和推送技术为不同的用户整理和提交富有特色的各类信息。当一个服务器通过使用推送软件向客户端推送信息时，推送中介软件（链接推送服务器到客户端的软件）会通过网络的一致性、可靠性、安全性完整地传送信息。

二、信息推送技术的服务形式

信息推送技术的服务形式一般有以下几种：

（一）通知

推送技术的最基本形式是一个简单的通知（notification），如电子邮件。针对这种服务，用户可控制它通知的形式、时间间隔等。通知并不具备很强的交互性和强制性，对资源和信息流量的要求不高。

（二）提要

比简单的通知智能化程度更高的推送技术是提要。提要可实现查看网页或其他信息源，寻找需要匹配的信息，并向用户传递信息。用户要以关键词、日期、数值、比较规则以及其他查询条件提供要查找的信息。提要有很多后台进行的处理活动，不仅是给用户每天一次的报道，它的处理活动还要受查找条件的制约，这些后台处理过程与用户的联系是不可预测的。

（三）自动拉出

它有一组可供用户经常查看的网页。自动拉出将获得所有这些网页，并保存起来供用户以后阅读。自动拉出可以获得许多材料，用户还可以通过电子邮件接收这些材料，或至少通过电子邮件知道这些网页是为个人编制的。

（四）自动推送

自动推送能够根据自身的刷新时间表发布信息。用户可以预订推送信息服务，但需要在网页上连续收听广播。在一般情况下，这种服务要求在用户终端上装有特殊的客户机软件，定期发出更新请求。如果用户不在网页上提出服务要求，将得不到任何服务。利用自动报送，用户得到的可能是全屏报道，或在屏幕底部显示大字标题。这种级别的报送技术有很多交互性，用户可以选择需要查看的信息流，也可以精选发送的信息，或者试探发送用户可能感兴趣的其他信息。

三、信息推送的实现方式

基于不同的技术，信息推送有不同的实现方式。

（一）邮件方式

用电子邮件方式主动将有关信息推送给已在列表中注册的用户，这种方式只需要实现基于互联网的电子邮件发送系统。

（二）基于 CGI 的推送方式

这种方法是使用服务器扩展 CGI（公关网关接口）来扩充原有网络服务器的功能，实现信息报送。这种报送方法是一种最弱意义上的报送，通过这种方法可以获得个性化定制的信息。其实质上还是拉取技术，只不过在用户看来，就像报送一样。其基本原理是：网站把 HTML 表单嵌入网页面中提供给用户，用户在浏览页面时填写并提交进行订阅。由服务器上的 CGI 命令文件处理后，动态地生成所需的 HTML 页面，最后由网络服务器将特定信息传送给用户。

（三）客户代理方式

这种方法是通过代理服务器来收集用户的兴趣信息，并与信息提供商建立联系，遍历相关站点，收集用户的兴趣内容，然后报送给用户。基于客户代理的推送方式需要为其资源列表和资源的更新状态等信息建立相应的频道定义格式（CDF）文件并置于网络服务器上。从用户的角度来看，服务是透明的，也易于实现。这种实现方式中，主动服务由客户代理提供，因此可将其称为"智能拉取"。

（四）频道方式

它提供包括服务器推送技术、客户部件及开发工具等一整套集成应用环境。它将某些站点定义为浏览器中的频道，用户可以像选择电视频道那样去选择收看感兴趣的、通过网络播送的信息，还可以指定其播放时间。在这里，服务器推送提供主动服务，负责收集信息形成频道内容，然后推送给用户；客户部件则主要负责接收到来的数据及提交指令，并对数据进行处理。通常服务器对信息进行分类组织，先将信息量较大的数据推送给用户，若用户需要详细了解某一方面的信息，则再次获取该项内容。因此，这种方式减少了传输的数据量，有效地提高了信息获取的效率。

四、推送技术的工作流程

通过对推送技术的概念和推送方式的分析，可以看出信息推送技术的工作流程如下：

第一，建立用户需求数据库。用户需求在这里完成注册，表述自己的信息需求，经过统计分析，便于做成一个有效的电子身份证，向用户提供主动及时的信息服务。

第二，建立信息库。信息库负责搜集信息，并对信息进行分类整理，确定标准，把个性化的信息标准设立出来，使大量信息遵循这个标准进入信息库。

第三，服务器的信息推送。服务器根据已建立的用户和信息的对应关系，用户接收各种信息的最佳时间和方式等，在适当的时间将适当的信息主动推送到用户的计算机上。

五、数字图书馆中的推送服务

在数字图书馆中利用推送技术可以改变其服务方式，推送技术可将实用的信息"推"给感兴趣的用户，使用户可以坐等信息到来。它可以实现数字图书馆信息的传播与发布，从"读者找信息"转变为"信息找读者"的服务方式。

采用了"推"技术的数字图书馆不仅可以主动地面向整个网络用户服务，还可以从技术上主动锁定一批特定用户群，为他们提供专题信息服务。这不但提高了信息服务的效能，还节省了用户在网上漫无边际查询信息的时间。一个数字图书馆的站点，只要建设一个专业信息服务频道，就能够面向自己的用户开展具有很强针对性的主动信息推送服务。

数字图书馆信息推送服务的一般工作原理为：

（1）用户初次登录到数字图书馆站点，提出获取主动推送信息服务申请。

（2）数字图书馆的网络服务器发送一个申请表单给用户，具体项目包括：用户名、密码、所需信息的主题、关键词、推送信息的地址、推送周期等。

（3）用户填好申请表后，提交给数字图书馆网络服务器，服务器将用户的特征信息、查询要求等传送给"推送服务代理"。

（4）"推送服务代理"根据用户的请求信息，在用户特征信息库和用户信息库中分别增加一条记录。

（5）"推送服务代理"根据用户要求，定期将用户的查询要求传递给"查询代理"。

（6）"查询代理"根据"推送服务器代理"传送的用户要求，定期检索相应的数据库，并将查询结果返回"推送服务代理"。

（7）"推送服务代理"按照用户的要求，定期将最新信息推送到用户指定的地址。

六、推送技术在图书馆中的应用实例

近年来，中国科学院上海文献情报中心围绕该中心图书馆集成系统及其数据资源开发了目次信息推送系统、新书信息推送系统、带有分类选择功能的新书信息推送系统。这些新开发的系统丰富了原图书馆集成系统的功能，改变了信息服务方式，提升了服务层次。

（一）目次信息推送系统

该系统根据用户的要求定期把现期目次通过电子邮件推送给用户。用户只需填写自己感兴趣的50个馆藏核心期刊的刊名和50个主题词，便能通过电子邮件收到该中心基于馆藏的现期目次服务。系统每两个星期便向订购用户推送一次目次信息。这种目次推送服务是基于馆藏的，不仅可以提供期刊信息，而且可以提供全文浏览。

（二）新书信息推送系统

该系统利用中心图书馆集成系统新书信息资源，通过电子邮件向读者自动提供新书目录推送。目前新书信息推送服务已有500多个用户，在新书上架的同时，向用户推送新书书目，使读者即时了解最新书目信息。

（三）带有分类选择功能的新书信息推送系统

该系统在原新书信息推送系统的基础上开发了带有分类选择功能的新书信息推送系统。系统可根据每个用户的要求对分类法的类目进行选择，以便在推送时用户获得相应类目的书目信息。

第三节 数字图书馆的定题服务

一、定题服务

定题服务，即信息的选择性传播，是信息工作机构根据一定范围内的用户对某领域的信息需求，确定服务主题，然后围绕主题进行文献信息的搜集、筛选、整理，以定期或不定期的形式提供给用户的一种信息服务业务。

定题信息服务充分利用社会的信息资源和经过开发而存储于检索工具或系统中的信息，通过检索、查找，集中所定主题的现状、成果和发展方面的文献、事实或数据，对其进行重新整理、加工后提供给用户。通过定题信息服务，可以大大缩短用户查找文献信息的时间，有利于提高信息的利用效率。

二、数字图书馆定题服务的特点

数字图书馆的定题服务是用户通过网络形式给出所需信息主题，由图书情报人员通过多种途径，运用多种技术方法提供给用户需求的信息服务过程。在这个服务过程中，图书情报人员是信息检索和完成的主体，用户只提供一定的内容和范围。这种服务是对工作人员的专业知识、网络知识、检索知识和分析、筛选、归纳、总结能力等综合素质的全面考察。

数字图书馆的 SDI（定题服务检索系统）在资源提供的丰富性与服务手段的方便、快捷、智能化等方面具有传统图书馆不可比拟的优越性。它主要采用电子邮件式报送、网页式报送、专用信息发送与接收软件报送等互联网信息推送技术向用户定期提供事先选定的专题信息。它的特点主要表现在：

（一）信息流动由 Pull（拉）向 Push（推）转换

在数字图书馆环境下，SDI 由传统的被动服务模式转向主动服务模式，即由 Pull 向 Push 转变，实行信息主动推送服务模式。在传统的 Client/Server SDI 结构中，信息的传输是按照"拉"（Pull）的模式进行的，服务器所提供的服务是被动的。而在数字图书馆系统中，服务器把信息"推"（Push）给客户和系统。Push 技术在 SDI 中的应用使信息的搜索和发送过程更加个性化、智能化。它一方面可以主动将重要的适时信息立即推送给用户，避免 Pull 方式中的信息滞后现象；另一方面大大减少了用户的重复操作，使得 SDI 中用户和情报人员之间的信息流动更加畅通。

（二）更好地为用户提供信息挖掘服务

在数字图书馆的 SDI 中，信息人员必须在对信息资源的充分发掘、加工改造、扩展开拓、功能放大、发明创造的基础上，才能为用户提供满意的信息。对任何一个特定用户的特定需求来说，数字图书馆中的任何一个信息库都可能是异构数据库，如何从中将最有针对性的信息找出来，必须借助数据挖掘技术。利用数据挖掘技术来改革传统的 SDI 服务方式可以说是数字图书馆 SDI 服务的一个重要技术标志。

（三）SDI 的个性化得以充分体现

SDI 是图书情报机构信息服务中最典型的专业个性化信息服务。传统的文献信息服务手段是利用卡片式、书本式的目录索引及文摘检索工具，通过手工检索为用户提供文献信息服务。其服务手段是一种单一、被动、落后的服务，受时间、空间和服务对象数量的限制，既不能实现真正意义上的个性化信息服务，也不能满足用户的信息需求。而在数字图书馆 SDI 中，这一切均得以改善。由于采用了数据挖掘、智能信息推拉、网页动态生成、智能代理等技术，一方面，使得用户能更快、更准地从信息服务人员提供的信息资源中拉取到自己所需要的最新信息；另一方面，信息服务人员根据用户信息需求，更及时、更有针对性地向用户推送实用信息，从而使 SDI 的个性化信息服务的特点得以充分体现。

三、数字图书馆定题服务的原则

以满足用户信息需求为工作重点的数字图书馆定题服务是在搜集信息的基础上，通过科学的方法和利用专门的知识，从研究的角度进行信息分析，为用户提供科技决策、科学管理的信息保证和科学决策的依据、建议和方案等的一种具有高附加价值的深层次知识服务。要做好数字图书馆的定题服务，必须考虑到以下几个原则：

（一）主动性原则

必须了解国内外科技发展战略和研究开发动态趋势，从文献研究的角度了解国际科技的发展热点、态势和科研进展情况，主动搜集有关文献并积累相关知识，选择具有前瞻性、针对性，并与国际接轨的服务课题，主动出击，寻找信息需求用户，努力将潜在用户转化为现实用户。

（二）用户原则

用户原则是指针对不同的用户对象，在充分了解用户信息需求的基础上，为其提供满意的服务。但在实际工作中，用户往往只在时间、空间和内容上提出一个笼统的信息要求，对深层次的信息需求缺乏充分的表达和设想。因此，只有在与用户进行反复交流的基础上，才有可能提供令用户满意的服务。在实际操作中，检索系统在与用户的交流中运用其智能化推理机制与知识库，不但要理解用户表达出的显性信息需求，而且要为用户提供有参考价值的检索方案，使用户获得更有价值的信息。

（三）信息搜集原则

1. 准确性

搜集准确的信息是提供定题服务的关键。当代科学技术的高度发展，一方面，导致科学研究越来越专业化；另一方面，学科之间相互渗透交叉。这种跨学科的发展趋势，势必引起科研人员和管理人员知识结构的改变，使之对相关学科信息产生需求，进而扩大其所需信息的学科范围。在信息搜集过程中，既要整体把握学科发展脉络，又要密切注意其新兴的分支领域的发展动向，做到信息搜集的准确性和超前性。

2. 及时性

定题服务的一个重要目的就是能够快速地为用户提供最新、最准确的信息服务，这就要求数字图书馆系统能够及时搜集各种形式存在的最新信息。

3. 全面性

在信息搜集过程中，不仅要搜集本馆所藏信息资源，还要检索各种网络数据库，或通过共享检索其他图书馆中的信息资源，因为丰富的资源是开展定题服务的基础。

四、数字图书馆中定题信息服务的实现

数字图书馆中定题信息服务的实现过程可表示为：用户给出信息需求→数字图书馆在线服务部→确定检索词→搜寻相关网页→确定并进入相关网页→下载相关信息资源存于本站点→形成用户所需信息资源→以一定的语言、格式将这些资源进行有序化整理，编辑成一个或多个方案→传给用户。

这个信息资源服务过程是对纷繁复杂的网上信息（也包括一部分尚未上网的网外信息）进行分析、筛选，找出其中的有用知识，再对这些知识进行智能重组的过程。

以上是数字图书馆为特定用户提供定题服务的一般过程，作为一个服务项目，还须注意以下问题：

1. 定题服务用户的选定

即使有现代网络环境的支持，馆员不可能也没必要对每个用户都提供定题信息服务，而应根据其服务宗旨，有目的地选择有价值的用户群。为了正确制定检索策略，需要了解用户的职业、研究领域、信息需求等情况。

2. 课题的选择

选题恰当是保证定题信息服务成功的关键，走好这一步，必须做深入细致的调查研究，掌握课题的价值。如高校图书馆可对全校的科研课题做一个深入细致的调查，了解哪些具有攻关性，哪些关系到领导决策，哪些是需要提供定题服务的。

3. 建立用户提问档，分析所获信息

利用网络通信技术，对所获信息，尤其是用户的信息需求建立用户提问档，包括用户账号、姓名等个人资料，提问词及提问词构成的布尔逻辑表达式，等等，以便进行存储、分类和检索。对用户的相关信息，如要求提供服务的形式（如文摘、索引）、喜欢的网上站点、经常使用的数据库等进行搜集、分析，制定合理的检索策略。

4. 注意反馈信息的收集

定题服务不仅需要搜集相关资源，利用网络通信技术，及时提供符合用户需求的网上信息资源，使用提问档得到检索结果，传递给用户；同时还要通过网络收集用户反馈信息，主要包括用户提问档的更改意见以及其他建议等；并且利用存储过的提问档对更新后的信息资源进行检索、分析，再把检索结果传递给用户，实现信息跟踪服务，不断满足用户需求。

第四节　数字图书馆的个性化信息服务

一、数字图书馆个性化信息服务的内涵

所谓个性化信息服务，就是根据用户的知识结构、信息需求、行为方式和心理倾向等有的放矢地为具体用户创造符合个性需求的信息服务环境，为其提供定向化的预定信息与服务，并帮助用户建立个人信息系统。

数字图书馆的个性化信息服务是以网络为依托，以用户为中心，围绕用户的兴趣、爱好、习性、专长等个性需求而开展的动态的特定信息服务活动。

个性化信息服务的根本就是要以用户为中心，尊重用户，研究用户的行为和习惯，为用户选择更切合的资源。它具有两个目的：一是用户根据自身的兴趣、爱好和需求定制自己所需要的信息和服务；二是信息提供者针对用户的个性和特点主动为用户选择并传递最重要的信息和服务，并根据需求变化，动态地改变所提供的信息资源。

数字图书馆的个性化信息服务应包括三个方面的内涵：其一，个性化信息服务的基础是读者总能很容易地登录与自己需求相近的所有数字图书馆系列，即数字图书馆馆藏的个性化；其二，读者可以根据自己的习惯、兴趣、爱好和信息利用任务，制定个性化的界面，完整、准确、便捷地获取自己所需的信息资源和服务；其三，数字图书馆（包括其工作人员）针对读者的个性和特点，主动地为读者选择并传递重要的资源和服务，并根据读者的需求变化动态地更新信息服务。个性化信息服务的宗旨就是尊重读者的需求和选择，体现读者之间的区别，并据此提供不同的信息服务。

二、个性化信息服务的基本要素

个性化信息服务的基本要素包括个性化信息服务中的具体应用、用户建模、信息过滤和信息分流、系统的体系结构及用户模型的评价标准等。

（一）具体应用

个性化用户的具体应用从广义层面上来说，可以分为两类：对情报信息资源的个性化入口和过滤与排序。

1. 个性化入口

个性化入口就是对用户提供网络或信息系统的个性化，主要应用于个性化网站，如著名的搜索引擎 Yahoo（美国雅虎公司）的个性化定制 My Yahoo（类似一份智能化的电子报纸）。它允许用户用简单的词或主题词列表来指定自己的科研项目或感兴趣的主题。个性化入口在电子商务领域是十分普遍的。另外，流行的浏览器，如微软的 IE 和 Google（谷歌）等都允许以一种个性化的方式组织书签。

2. 过滤和排序

过滤和排序是个性化信息服务活动中研究的重点。其内涵是指对信息文档根据用户概貌进行相关度量的排序，过滤掉相关度量少的文档信息。过滤和排序是一个提高返回信息与用户需求信息相匹配的精确度量的过程。

（二）用户建模

用户建模的目的是识别用户的信念、目标和计划以提供个性化的服务。第一步，识别当前用户，即如何获取用户的个性化信息反馈，一般有两条渠道：隐性的用户信息反馈和显性的用户信息反馈。前者是由系统自动记录用户的访问路径、用户在某一页面的停留时间、文档的长度等信息，形成日志文件，通过分析该日志文件总结用户的需求特征。后者需要用户的直接参与，由用户提供一些信息来评价当前的文档页面或给出一定的建议。一般而言，将两种方法结合应用将会取得良好的效果。第二步，给系统加载当前用户的用户模型，如果不存在这样的模型，就按照缺省方式新建一个用户模型。第三步，在用户与系统交互的基础上更新模型，形成更有助于当前用户使用的个性化系统。

（三）信息过滤

每个用户都有自己特定的、长期起作用的信息需求。用这些信息需求组成过滤条件对资源流进行过滤，就可以把资源流中符合需求的内容提取出来，这种方法叫作信息过滤。信息过滤有以下几个层次：一是对一个资源流中的资源，用有限个分类标注符号进行标注，用户的信息需求就体现为有限个分类标注符号的一个子集。这样，过滤的动作就是纯机械的动作，不需要任何智能就可以完成。二是允许用户以不限定范围的关键词语来描述信息需求，以用户选定的关键词语在资源流中进行匹配检索，不符合要求的内容被过滤掉。三是不需要用户做任何事情来描述自己的信息需求。用户的信息需求是系统根据用户访问资源的历史记录自动分析出来的。

（四）信息分流

如果用户的规模和信息资源的规模都非常大，那么分别对每个用户实施信息过滤势必在效率上造成非常大的浪费。原因很简单：不同用户在需求上有交叉和重叠，对各个用户需求的判断也相应地有过程上的交叉。如果把不同的信息需求组成一个方便共享的结构，在实施信息过滤时予以统一的优化调度，就会达到比分别过滤高得多的效率，这种方法叫作信息分流。信息分流在数据结构和算法上都需要精巧的处理。对特定的用户群来说，最理想的结果是平均分流时间最短。相应的判定机制是某种形式的多叉哈夫曼树。

（五）体系结构

体系结构研究的重要问题就是用户建模放在什么位置，是系统的服务器上，还是客户计算机上，或是处于两者之间的代理服务器上。这与上述的信息分流有关，如果要进行信息分流，一般要将用户模型放在服务器上，否则进行信息分流就比较困难。

（六）用户模型的评价标准

一个用户模型的基本评价标准包括：

（1）粒度

粒度分为两种：一是每一个用户一个模型；二是一些用户共用一个模型，即类用户模型。

（2）修改能力

用户模型可以是静态的或动态的，一个静态模型在与用户的交互过程中不发生改变，而动态模型一旦学习到新的信息就及时修改。静态模型可以被预先嵌入到一个系统中，或者在系统的初始会话阶段由用户建立。动态模型在整个交互过程中即时获取或修改。

（3）时效性

用户模型可以是短期的或长期的。短期模型建立在当前交互过程中，当前交互过程结束后，可以被放弃。长期模型可以从一个交互过程保持到另一个交互过程中。

（4）模型的数量

模型的数量指单模型系统和多模型系统。单模型系统是指一个用户只有一个模型。多模型系统是指一个用户可以有多个模型。

三、数字图书馆的个性化信息服务

数字图书馆的个性化信息服务可以从如下几个方面体现：

（一）个性化的界面设置

个性化的界面设置主要包括个性化网页外观定制、栏目布局和内容模块的选择等。网页外观定制主要是定制网页和主题的颜色、网页字体、问候语和网页刷新频率等；栏目布局是确定所选栏目在个性化网页上的布局方式和排列顺序，如在 My Yahoo！中，可选按两列或三列方式布局，可设定栏目的上下左右位置和顺序；内容模块的选择主要是对各项信息和服务模块的具体内容进行定制。

（二）个性化信息环境

传统图书馆对不同层次、专业、地域的用户只能提供统一的、适合所有用户的资源和服务，而数字图书馆的个性化信息服务机制就是要求数字图书馆根据用户的特性和需求为之"量身定做"或由用户定制所需的资源和服务，为特定用户和特定任务提供有针对性的资源和服务。

要真正实现个性化信息服务，数字图书馆就必须站在信息提供者的角度，为用户主动创建一种个性化的信息环境。所谓个性化信息环境，是指在数字图书馆环境下，读者可借助数字图书馆提供的一套工具和机制来构建自己的个人馆藏，从而满足特定读者和特定任务的需求，同时提高检索效率。

在数字图书馆个性化信息环境下，读者向某个数字图书馆申请一个账号，读者登录到个性化界面后，可以提交自己的多个检索策略，形成自己的描述文件，数字图书馆会通过一套软件或工具将资源库中满足需求的信息资源创建成特定用户的个人馆藏，并定期检索更新信息资源，将检索到的信息自动分配到发出请求的个性化信息环境中。

（三）个性化的信息快报

个性化的信息快报就是数字图书馆按用户提供的检索条件将资源库中的最新信息及时通知用户的一种服务。

数字图书馆的个性化信息快报服务能为用户自定义检索提供方便。因为在检索过程中，不同的用户有检索习惯和检索技能的差别，他们可能用不同的词汇来表达同一专业概念，对检索结果的选取原则和排序方法也可能不同。这些都是用户个性化的具体表现。因此，个性化的信息快报服务在接收用户档案文件时，应充分支持用户在检索策略、检索方法和检索结果处理方面的个性化。

四、数字图书馆个性化信息服务的实现方式

（一）数字图书馆个性化信息服务的技术基础

由于数字图书馆信息服务的特点和个性化信息服务的特殊性，决定了在开展数字图书馆的个性化信息服务过程中必须具备相应的技术基础，建立起相应的技术支持系统。在构筑个性化信息服务技术基础的过程中必须正确处理好以下几个问题：

1. 信息分类问题

信息分类问题涉及两个方面：一是系统内部对信息的分类。数据库中存储的大量信息必然需要一种分类，以便于信息的管理和查询。这里可以采取一些目前网上比较流行的分类方式。例如，Yahoo、Excite 等，它们所采取的分类方式比较类似于图书管理中的分类方法，涉及面比较广，通用性比较强；二是用户的个性化分类。每个用户对信息所属类型的理解不同，导致他们需要的信息分类方式也不尽相同。因此，数字图书馆信息服务系统提供给用户的应该是一种可以由用户自己决定的分类。

2. 信息搜索问题

关于信息搜索，目前主要有两种方法：一种比较简单的方法是按照现有的搜索引擎中常用的，也是比较传统的方法，即根据原始资料提供者向搜索引擎等大的信息服务商提交的索引信息来获取该信息的链接。这种方法比较适用于大型的信息服务商，但是它所提供的查询方式有限，对需求的满足精度不高，对智能化查询的满足程度相对较低；另一种方法是使用智能代理技术搜索所需信息。目前的主要浏览

器和信息检索工具一般都还没有智能搜索功能。

3. 安全与隐私保护问题

安全包括用户使用安全和系统管理安全。前者主要包括用户授权和身份认证管理，以保证只有合法的用户才能进入系统，而且用户的账号不被泄露和盗用。后者包括数据库安全管理、数据加密等，以确保用户个人信息安全。隐私保护需要制定完善的隐私保护政策，提供设定用户隐私公开程度的工具和运用保证隐私不外泄的保护技术。

（二）数字图书馆个性化信息服务的模式

目前所提供的个性化信息服务主要通过个人定制或系统预测的方法来实现。个人定制是指用户可以按照自己的目的和需求在特定的系统功能和服务形式中，自己设定信息的来源方式、表现形式，选取特定的系统服务功能。系统预测是通过对用户提交的访问习惯、栏目偏好等信息进行分析，自动组合出对用户有用的最新资料并发送给用户。

1. 电子邮件服务模式

通过电子邮件来开展个性化信息服务有许多独特的优势。一是操作简单，通过电子邮件获取信息，不用掌握复杂的计算机知识和检索技巧。二是可以实现定时发送，可以按照用户指定的时间和优先级别来发送邮件。三是可以实现电子邮件的群发功能，同时对全部用户或部分用户发送指定的邮件。四是电子邮件下载完毕后，就可以脱机浏览，从而节省大量通信时间和费用。

2. 即时呼叫服务模式

即时呼叫服务模式是一种专门供点对点信息传递的个性化服务系统。这是一种集电话、传真机、计算机等通信办公设备于一体的交互式业务系统。用户可以通过电话接入、传真接入、拨号接入和访问站点等多种方式进入系统，在系统提供的帮助下访问系统的数据库，获取各种信息或完成相应的事务处理。

3. 页面定制服务模式

在网络世界里，信息的基本单位是页，通过页面设置链接，点击链接，即可索取感兴趣的页面。页面服务模式又可以分为静态页面服务模式和动态页面服务模式。静态页面是网络信息的基本组织形式，系统将信息用HTML语言进行组织，以一个或多个固定的页面提供信息。动态页面是用户通过选择一定的条件提交给网络服务器，网络服务器依据提交的条件，从数据库中选择符合要求的页面提供给用户。随着信息技术和数据库技术的日趋成熟，人们越来越趋向选用动态页面，因为它能提供更高的智能交互，减少服务费用和时间。

4. 信息推送服务模式

该模式目前主要分为两大类：一类是借助电子信箱，并依赖人工参与的信息推送服务模式。另一类是由智能软件完成的自动化信息推送服务模式。应用信息推送技术建立网络传播站，通过智能化的代理服务器从海量信息中不断分拣出用户所需要的信息。

第四章 数字图书馆环境的建设

第一节 数字图书馆的优化问题

随着先进的计算机技术、网络技术和通信技术在公共图书馆中应用的逐渐普及,越来越多的公共图书馆开始向读者提供网上服务,并通过互联网为读者提供服务。前者主要通过网络阅览室、检索中心等实现,而图书馆网站则是实现图书馆提供网上服务的手段。

一、公共图书馆网站建设的内容

公共图书馆的性质基本上是相同的,所以其网站所包含的内容也大部分相似。其包含的内容可概括为以下几种。

本馆简介及服务指南。其主要内容包括本馆历史沿革、馆藏介绍、人员构成、机构设置、服务项目、开馆时间、规章制度及本馆动态、读者活动安排、各种联系方式等。各个网站大体相似,只是在细微方面有所不同。

书目检索。书目检索通常分为普通书目检索、特色馆藏检索。这是最简单的服务工作。建有网站的各公共图书馆均已建成MARC格式的书目数据库,通常采用SQL查询语句来实现超文本与书目数据库的链接,检索途径以题名、责任者、分类号、主题词、ISBN等为主,有的网站可用关键词进行题名检索。检索结果大致有馆藏地点、条码号、索书号、编目数据,有的则能够显示借阅状态乃至登记预约。

数据库检索。数据库检索包括自建数据库和光盘数据库检索。除了一些大型的图书馆,广东、江浙一带甚至县级公共图书馆都建有相当有特色的数据库供读者进行检索,这些数据库既是公共图书馆最希望读者了解、利用的特色资源,又在相当程度上代表了本馆数据库的技术水平,所以在网站的内容编排上应给予相应的突出反映。至于光盘数据库,则以中国学术期刊光盘数据库以及各种科研成果和工商企业名录等光盘数据库为主。但由于提供光盘检索需要相应的硬件配置和网络带宽,所以到目前为止还没有一家公共图书馆提供在线光盘检索服务。光盘检索存在一定的弊端,因为光盘本身价格不菲,况且能够有系统大量收藏的公共图书馆也非常有限。

电子书刊。电子书刊可分为两种类型,一种是本馆的电子化书刊,另一种是从网上下载的书刊甚至是其他电子书刊网站的链接。本馆电子化书刊以特色馆藏为主;从网上下载的书刊类型广泛,以名著和热门读物为主。

新书推荐、馆藏推荐等导读栏目。各网站的这类栏目基本上具有相似的内容。

网络导航。网络导航指各类站点的链接。主要链接的站点包括搜索引擎、综合网站、图书馆站点、网上书店、网上报刊、教育网站、本地主要网站乃至旅游、体育、游戏、金融等各类热门站点。读者通过图书馆网站就可以查询和使用各类网上信息资源。

读者论坛。读者论坛是较好的网站所应有的栏目,用于读者发表意见、交流读书心得等,是一个多向交流的园地。有的网站建有聊天室,可以实时进行在线交流。这是吸引读者的好办法。

二、公共图书馆的具体对策

(一)明确网站建设的理念

公共图书馆网站建设的理念,也可以说是指导思想,它回答的是为什么要建设网站的问题。每个公共图书馆网站的建设,一定会有自己的特点。但从总体上来说,公共图书馆网站建设的目的,一是宣传自身、树立形象,二是通过网络提供服务。而宣传自身、树立形象的目的也无非是让读者了解本馆情况,更好地利用本馆的服务。归根结底,公共图书馆网站是为读者而建立的,包括已在使用本馆的读者和潜在的读者。公共图书馆网站的建设,无论是内容的设置还是页面的设计,最重要的是从读者需要的角度出发来着手进行。读者需要对公共图书馆网站建设来说既是出发点也是终结点。

(二)网站内容的取舍

公共图书馆网站所包含的内容范围在上述内容已有较为详尽的列举。但在不同的图书馆中,应要考虑到以下几方面的具体问题来进行内容的取舍。

1.图书馆的大小。这要从馆藏的多少、所处的级别(包括省馆、市馆、县馆、区馆等)、馆员配备情况、读者量的多少等多方面来衡量。综合来看,就是图书馆所拥有的资源和影响对图书馆网站的内容设置以及栏目下内容的丰富程度具有一定的限定作用。

2.图书馆的服务手段和服务方式,也就是服务的自动化、电子化程度和提供服务的方式、服务项目的多寡。

3. 技术能力。技术能力既泛指整个图书馆的技术水平，也专指网站设计、维护人员的技术能力。在此，前者决定了图书馆能提供什么样的服务，后者则决定了哪些服务项目能恰当地在网站上进行宣传或提供给读者使用。

4. 图书馆的特色。如馆藏、服务、技术等方面的特色，都可以很明显地在网站上反映出来。总之，在网站的内容安排上，要做到充分、恰当地反映本馆的现状，通过网站为读者提供本馆的服务项目，对本馆特色要做重点反映；切忌不顾本馆实际情况，栏目设置不少，栏目下的内容却寥寥无几。

（三）网站设计的技巧

网站中有了内容，还需要有好的设计和布置，增强用户对网站的印象，让更多的用户乐于利用网站来享受图书馆提供的服务。一个好的图书馆网站，其设计至少要做到以下几点。

首页项目布局繁简得当，既有良好的意识，又突出了本馆的标识（馆徽、馆名等），应该将首页作为一个整体来布置，而不是将所有内容一股脑儿地塞进页面。

整个页面的底色及文字、图片、动画等各个部分的色彩搭配协调，以淡雅为宜。这样既可以体现图书馆的文化、教育特性，又适宜用户浏览。

对图片和动画应以"只宜少用、不可多用，实在掌握不好宁可不用"为原则。安排适当的图片、动画能起到一定的点缀、装饰作用，使整个页面显得活泼而不呆板。但在使用图片、动画时应特别谨慎，一方面是这些内容多了就容易在页面上喧宾夺主，使整个页面显得杂乱无章；另一方面是现有网络带宽不够，图片、动画需占用太多资源，对传输速度有很大影响，而长时间等待传输将对读者利用网站服务产生直接的负面影响。

网站宜采用等级结构。为方便读者使用，无论进入哪一级页面，都应能直接回到首页，并能在各个栏目间自由跳转。有很多图书馆对此都有忽视。对需及时提醒读者注意或了解的本馆动态，应在首页采用滚动条显示或在打开首页时弹出显示。

页面内容所选用的措辞及字体应与整个网站的风格一致，不宜采用过于繁多的字体。特别应强调的是，网站对自己的情况包括建立时间、目的、责任者的情况，尤其是内容的增删应该有简要的说明，方便读者了解网站的基本情况和发展动向。这看似简单，却体现了以读者为中心的建站理念，绝对是不应该被忽略的。

无论如何，对于网站中没有的内容则不应设置，而应将没有的内容或即将增加的内容用栏目预告的方式公布。对网页的维护不应间断，要根据不断变化的情况对网页进行持续更新。

随着互联网的日益普及，越来越多的公共图书馆建设了自己的网站，而已建成的网站中许多在进行不间断的更新和维护，从内容到形式都令人耳目一新，引起了人们广泛的注意，如最近就有电子商务公司对开展网上外借表示了强烈的兴趣，并主动与某公共图书馆进行了联系。今天，随着更多的公共图书馆对网站建设重视程度的提高，将真正把网站作为因用户需要而生的产物来进行"建设"，在不久的将来，公共图书馆站无论是在数量上还是在质量上都会有一个较大的飞跃。

三、对图书馆的优化问题

在此，以高校图书馆为例。图书馆是人类思想、知识、智慧结晶荟萃的地方，承载着传播和继承先进文化的历史责任，承担着教育读者、净化读者心灵的时代重任。图书馆，不仅可以使读者跨越时空、穿越屏障，遨游科学宫殿，探索未来知识世界，充分品尝人类文化知识硕果的甘美，拓展和丰富自己的知识面，培养自己的各种能力，还可以通过阅读图书馆书刊资料，聆听、感受、品味全世界伟人和名人的教诲，接受先进思想教育，在潜移默化中使心灵得到升华，形成正确的世界观、人生观、价值观，树立远大的理想和信念。

（一）强化服务功能，拓展服务渠道，优化服务育人的环境

长期受图书馆健康文化环境熏陶的读者，能够养成良好的学习习惯和思维习惯，能够掌握独立获取知识的能力，能够增强克服困难、探索真理的勇气。学校的图书馆要紧紧围绕学生成才，着力探索做好以下两个方面的工作。

1. 净化、精化图书、信息资源，优化馆藏育人环境

图书馆的藏书、信息资源，对校园文化具有一定的导向作用，净化、精化图书、信息资源是图书馆诸项业务中的首要关口，必须牢牢地把握好。在引进图书、期刊、中外数据库等各项信息资源时，必须把握三项原则：一是所引进的相关信息资源，必须内容健康向上，代表先进文化的方向，杜绝低级庸俗的书刊进入图书馆；二是所引进的相关信息资源必须符合读者学科、专业发展的需要，符合读者的心愿，重点满足新上学科、新上专业的信息资源需求；三是图书供应商实行招标确认，确保引进图书物美价廉。

2. 拓展服务渠道、服务空间，优化服务育人环境

图书馆将始终坚持以人为本、服务至上的办馆理念，计划在原有基础上，延长开放时间，加强读者导读工作，营造良好的人文环境，进一步改善办馆条件，努力创造优越的环境和条件，全方位地搞好读者服务工作，充分发挥服务育人的功能。

（1）密切与读者的联系，支持学生会、研究生会创办各类读书会、读书社等社团组织。图书馆将积极帮助各级学生会、研究生会组织策划成立各种形式的读书会、读书社，并在此类社团组织的筹建、运行、发展过程中发挥积极作用，提供必要的

人力物力支持，当好助手和参谋，确保此类社团组织健康成长。进一步做好读者的导读工作，引导读者多读书、读好书，确立正确的世界观、人生观、价值观。图书馆在原有工作基础上，编印发放《导读》之类的小报，开辟如"新书架""书评""阅读辅导""读书问答"等栏目；协同读书会、读书社等学生社团组织，不定期地举办新书好书推介活动、读书报告会、读书心得征文等活动，并争取校报的支持，开辟新书好书推荐栏目、读书心得交流栏目。

（2）营造良好的人文环境、育人环境，陶冶师生情操，净化读者心灵。馆舍外设立图书馆宣传栏，及时向读者发布新书信息，举办历史回顾展览、时事报道、名人介绍等，发挥德育阵地的作用；馆舍内增设名人大师的画像及名人名言，知名校友的图片及事迹介绍，以激励广大读者奋发有为、立志成才；争取学校支持，各校区图书馆门卫实行物业管理，提升图书馆的服务形象和馆舍的安全保卫档次。

（3）及时更新仪器设备，确保数字图书馆、网上图书馆畅通无阻。网上学习、网上选课已经成为广大读者的新宠，读者对网络和计算机的依赖是前所未有的。图书馆要努力争取学校财力支持，及时更新仪器设备，尤其要及时更新图书馆电子阅览室读者用计算机。

（二）加强制度建设，提高队伍素质，为优化育人环境提供条件和保障

系统、科学、规范的图书馆制度体系，是图书馆工作规范化、系统化和高效率的保障，是实现依法治馆、科学管理的依据。它明确了图书馆馆员、读者的责任权利，有利于增强业务工作的组织性、纪律性、系统性，保证图书馆活动的正常秩序，提高管理效能；有利于形成激励机制、自我约束机制等，促进图书馆的协调、可持续发展。图书馆将在认真总结自己制度建设传统经验的基础上，借鉴兄弟院校图书馆制度建设的成功经验，紧密结合学校发展和图书馆发展的实际，利用半年的时间，将图书馆的各项规章制度加以修订和完善，形成一整套科学的、符合实际的图书馆制度。

充满生机与活力的图书馆馆员队伍，是实现图书馆科学发展的首要条件。伴随着信息科学的发展，高校图书馆已经步入了数字图书馆时代，它对馆员信息技术、网络技术、计算机技术等方面的素质提出了很高的要求，这就要求图书馆馆员队伍建设必须满足这方面的要求。对于图书馆馆员队伍年龄老化、知识老化的实际，图书馆要加强馆员的业务培训工作，并常抓不懈。同时，在全馆上下营造学习风气，激励馆员自主学习、自主创新，跟上时代步伐，当好读者的"知识领航人"，为读者提供更富有个性化的优质服务，同时为读者的成才成长做出积极的贡献。

综上所述，图书馆要以自己的文化资源、文化氛围、文化设施、优质服务积极支持和推动校园文化建设，充分发挥自身优势，不断优化育人环境，不断提高校园

文化建设的品位，使青年学生能够在一个积极向上的氛围中健康成长，有效地提高运用知识、创新知识的能力，使之成为全面发展的人才。

第二节 数字图书馆的网络优化路径

一、网络优化的含义

网站优化可以分为两个方面，即从狭义层面和广义层面来说明，狭义的网站优化，即搜索引擎优化，也就是让网站设计适合搜索引擎检索，满足搜索引擎排名的指标，从而在搜索引擎检索中获得排名靠前，增强搜索引擎营销的效果。广义的网站优化所考虑的因素不仅是搜索引擎，还包括充分满足用户的需求特征、清晰的网站导航、完善的在线帮助等，在此基础上使得网站功能和信息发挥效果。也就是以企业网站为基础，与网络服务商（如搜索引擎等）、合作伙伴、顾客、供应商、销售商等网络营销环境中各方面因素建立良好的关系。

网站优化的基本思想：通过对网站功能、结构、布局、内容等关键要素的合理设计，使得网站的功能和表现形式达到最优效果，可以充分表现出网站的网络营销功能。网站优化设计的含义具体表现在以下三个方面。

第一，从用户的角度来说，经过网站的优化设计，可以方便地浏览网站的信息、使用网站的服务。

第二，从基于搜索引擎的推广网站的角度来说，优化设计的网站使得搜索引擎可以顺利抓取网站的基本信息。当用户通过搜索引擎检索时，企业期望的网站摘要信息可以出现在理想的位置，使得用户能够发现有关信息等，从而点击搜索结果并达到网站获取进一步的信息，直至成为真正的顾客。

第三，从网站运营维护的角度来说，网站运营人员可以对网站方便地进行管理维护，有利于各种网络营销方法的应用，并且可以积累有价值的网络营销资源，因为只有经过网站优化设计的企业网站才能真正具有网络营销导向，才能与网络营销策略相一致。

由此可见，网站优化包括三个层面的含义：对用户优化、对网络环境（搜索引擎等）优化，以及对网站运营维护的优化。

网站设计对用户优化具体表现为：以用户需求为导向，设计方便的网站导航，使网页下载时速度增快，网页布局合理并且适合保存、打印、转发，网站信息丰富、有效，有助于获得用户的信任。

网站设计对网络环境优化表现为：适合搜索引擎检索（搜索引擎优化），便于积累网络营销网站资源（如互换链接、互换广告等）。

网站设计对运营维护优化的含义是：充分体现网站的网络营销功能，使得各种网络营销方法可以发挥最大效果，网站便于日常信息更新、维护、改版升级，便于获得和管理注册用户资源等。

从上述对网站优化设计含义的理解可以看出，网站优化设计并非只是搜索引擎优化，搜索引擎优化只是网站优化设计中的一部分，不过这部分内容对于网站推广的影响非常明显和直接，因此更容易引起重视。同时，我们可以看出，在有关网站设计的对网站推广优化的内容中，这里并没有特别强调搜索引擎优化的作用，因为真正的网站设计优化不仅仅是搜索引擎优化，应坚持用户导向而不是搜索引擎导向。

二、网络环境下数字图书馆信息服务的新理念

数字图书馆是 21 世纪图书馆发展的主要方向。

（一）数字图书馆的特征与工作理念

数字图书馆是传统图书馆在网络环境下的发展，但对于数字图书馆的定义各不相同，差别也较大。从广义上分析，数字图书馆可以描述为计算机可处理的信息的集合或贮藏这类信息的仓库。理想的数字图书馆并非一个存贮信息的单个实体，它通过网络提供系列化的收藏和服务。尽管数字图书馆的定义没有完全统一，但诸多定义中比较有共性的特征要素包括：数字图书馆不是一个简单的实体；数字图书馆需要多种技术连接多种资源；数字图书馆和信息服务之间的连接对终端用户是透明的；数字图书馆的目标是广泛地存取信息和提供针对性的信息服务；数字图书馆的馆藏并不局限于文献替代品，已延伸到了不能以印刷形式表现或传递的数字化人工制品。

1. 数字图书馆的特征

数字图书馆与传统图书馆既有联系又有区别。从组织机构角度看，数字图书馆全然不同于拥有物理空间的图书馆，数字图书馆并没有太大的空间，其信息资源也不以占有空间大小作为图书馆规模大小的衡量标准；从资源建设角度看，传统图书馆拥有记载在多种媒体上的信息，这些资源是可视、可听、可触摸的，而数字图书馆的信息资源是电子化、数字化信息，只有经过还原才可以为人们所感知。数字图书馆建设在工作原理上与传统图书馆仍有许多相同之处，同样需要对信息进行收集、加工、整理和保存，只是在具体操作上与传统图书馆全然不同。数字图书馆是由建立在现代通信技术基础上的电子计算机技术、通信网络技术、信息处理技术共同构

成的。如果仍以图书馆的概念来分析比较数字图书馆的工作原理和工作理念,可以概括为以下几点。

(1)数字图书馆仍然具有图书馆收集、加工、整理、保存信息和提供信息服务的基本功能。

(2)数字图书馆以计算机可处理的数字化形式存贮信息,与传统图书馆的多载体文献形式完全不同。

(3)数字图书馆的信息收藏在内容的广泛性和深入性上远远超过传统图书馆。它不仅收集本馆馆藏,还可以将全球网络上的信息资源经过筛选、处理集中在一起。它的信息加工不局限于信息整体,而是深入信息内容。

(4)数字图书馆提供更加广泛、迅速、便利和多形式的信息服务。它依托互联网,利用先进的信息处理技术和计算机终端设备为全球用户提供远程服务。

(5)数字图书馆与传统图书馆相互补充。

2.基于数字图书馆理念的图书馆发展

数字图书馆在20世纪90年代末期得到迅速发展,电子出版物的出现和发展为数字图书馆的产生创造了必要的条件。可见,电子出版物是数字图书馆的物质基础,也是数字图书馆的信息资源。

数字图书馆的信息收集和传播渠道主要是网络通信,其中最主要的是互联网。数字图书馆依托互联网收集和处理信息,并向外界提供服务。在数字图书馆的建设过程中,我们必须做好以下工作:①统一部署,打破部门界限。为建设好我国数字图书馆体系,必须打破部门和地区界限,统一部署,统一规划,提高信息收集效率和综合利用水平,增强信息咨询服务能力,提高网络利用率,从而形成规模优势。②重视基础工作。重视基础工作即加强数字图书馆的软硬件环境工程建设和我国的信息资源建设。在建设数字图书馆之前,必须充分论证,慎重施工,以缩短调整和试用周期,更快实现目标。在研究与开发有关协议时,既要考虑与国际流行协议的兼容,又要结合我国国情,适应汉字系统的特点,制定标准和规范,设计有中国特色的数字图书馆系统。③转变观念。在建设数字图书馆系统时要从全局出发,合理建设和使用文献信息资源,合理配置计算机软硬件资源,避免资源的浪费。同时,要将硬件放在更重要的位置。④建设一支掌握信息技术的队伍。数字图书馆需要一支既懂图书情报业务又掌握信息技术的专业队伍。为此,可以通过培训提高现有工作人员的业务素质;利用政策优势,吸引更多的信息技术人才加入数字图书馆建设的行列。

(二)数字图书馆信息服务的技术构成

与数字图书馆所具有的各项功能密切相关,建设数字图书馆必须有相应的技术手段。从数字图书馆的物理结构来看,数字图书馆必须具备以下设施。

1. 用户终端。用户终端即各种类型的个人计算机、工作站以及用户可以访问的联机查询系统。

2. 网络和通信系统。这是图书馆的重要基础设施,也是实现数字图书馆服务的先决条件之一。

3. 信息资源。原有馆藏信息及其数字化转换形式可以成为数字图书馆的重要资源,收集和提供图书馆以外的信息资源是数字图书馆与传统图书馆的最大区别。通过联机信息检索系统,数字图书馆能够提供外部各馆的书目服务、文摘检索和全文检索,以及电子杂志等多方面的信息。

4. 数据库管理与检索系统。数字图书馆的管理与检索系统是其技术的关键部分,绝大部分业务活动需通过管理与联机检索系统来完成。

由于数字图书馆信息庞杂,只有综合多个应用系统才能实现其功能。数字图书馆的系统构成通常由以下几个部分组成:①数据创建。将非数字化信息进行数字转换,如文本录入、图像扫描、声音的数字化等。②数据描述。按照一定的语言对创建的数字化信息扫描,包括结构化与非结构化的声、像、图、全文数据扫描。③全文检索。支持 SGML PDF、XML、HTML 等格式的全文检索。④数据库技术。数字图书馆所运用的数据库技术大体上可分为两大类:一类是应用数据库管理系统软件进行开发,建立数据库;另一类是带有管理软件的商品化数据库,如光盘、多媒体数据库等。⑤网络通信技术。计算机通信技术是数字图书馆的技术支撑,也是数字图书馆实现高度开放和资源共享的基本条件。⑥多媒体、超文本、超媒体技术。多媒体技术是指能够综合处理各种媒体信息,并使不同媒体信息发生联系,且有交互功能的信息处理技术。超文本技术可以将相关概念连贯起来,使用户非顺序地直接检索到相关信息。超媒体技术是对超文本技术的扩展,具有超文本技术的大部分特点,但其处理对象是多种媒体的信息资源。⑦系统运行、维护、保障、开发技术。这是数字图书馆运行与服务的支撑技术,为其硬件条件。⑧版权保护。数字图书馆为用户共享信息资源、获得信息服务提供了极大方便。同时,数字图书馆的版权保护问题,尤其是网络信息的访问权限规定,也给我们提出了新的课题。目前访问权限问题已在利用原有计算机读取管理技术以及域名管理技术的基础上得到了较好的解决。

(三)数字图书馆的信息资源建设

随着互联网的普及与发展,网上出版社日益增多。网上信息资源建设与传统藏书建设有着极为不同的特征。以期刊为例:电子期刊呈现出多种载体形式,有些期刊只有网上电子版;有些期刊有印刷版和光盘版两种出版形式;有些期刊既有印刷版、光盘版,又有电子版。为此,图书馆必须对馆藏结构进行调整,做出相应的收藏计划。

数字图书馆资源建设主要包括以下几个环节。

1. 数字化信息的生成。数字图书馆的信息来源可分为内部信息和外部信息。内部信息包括图书馆所收藏的传统印刷型图书、期刊、缩微资料、唱片、胶卷等多种媒体出版物。数字图书馆建设要对其中一部分进行数字化转换，使其成为电子馆藏存贮在计算机硬盘中，并以数据库形式放在网上供用户使用。未转换的传统馆藏可建立馆藏电子目录，加入公共联机查询系统，供用户进行书目查询。内部资源还包括本馆购买或开发的、以数据库形式存储的电子信息资源，如二次文献数据库、电子目次数据库、图像数据库、全文数据库以及本馆的 OPAC。本馆开发的数据库包括书目型、数值型、图像型、全文型等形式。所有数据库都应提供网络化联机存取功能。外部信息资源包括外界电子图书馆的资源、联机检索的资源以及书目服务机构的书目、文摘、全文信息、数值信息以及电子杂志和电子报刊等。

2. 数字化信息的存储。信息存储的实质是对庞大的信息进行管理。数字图书馆需要大量的信息存储装置，在存储技术方面将涉及存储设备容量、硬件随机读取速度、数据集中与分布存储管理方法等问题。目前的研究热点集中在存储管理方式上。在互联网上大量服务器提供相关信息服务，但其相互间只能提供公共的服务接口。逻辑相关的信息可能集中在某地，也可能分布在不同地点。由于信息数量极大，不可能在存入后即固定其存储位置，加上信息的使用频率极不相同，因此必须具备按照使用频率调动存储位置的功能才能保证响应速度。对所存储的各种信息不能只用参数进行描述，因此，原有的参数描述方法，以及单纯地对参数进行索引的方法，已无法满足用户的查询需要。正在研究的多媒体信息检索方法，也要求相应的存储技术相配合。

3. 数字化信息的检索。数字图书馆建设应遵循两条原则：一是最大可能地存储信息，二是使用电子技术增加和管理信息资源。由于信息具有多样性特点，必须有与不同信息相匹配的检索方法，才能满足用户需要。目前文本文件检索技术正在向全面检索方向发展，并逐步达到不受语种限制的全文匹配检索。超文本检索技术除已实现的字符匹配外，概念匹配也已提上研究日程，其中的关键是将一些特定技术进行重新组装。目前，以图像为基本内容的信息查询技术正在研制过程中，如按照图像的颜色、灰度、纹理和位置进行信息查询，或按照音乐曲调、旋律查询信息的研究正取得进展。

4. 数字化信息的传播。数字图书馆主要通过网络进行图像、音频和视频的信息传播。计算机通信网络是数字图书馆的技术支持，也是实现其广泛可取性、高度开放性和资源共享的基本条件。在现有网络上进行信息传播已使网络不堪重负。音频和视频的实时传送不仅对网络的速度要求较高，同时对提供信息的相关服务器的共性有很高的要求。在这一方面，除需要改善网络协议、研制新的网络连接设备外，各种压缩技术的应用将起到提高网络传播速度的作用。

（四）数字图书馆信息服务的组织管理

数字图书馆的信息服务以网络为基础，属于开放性服务系统。数字图书馆不仅可以为用户提供文献目录、文摘、题录等二次文献信息，还可以提供全文、声音、图形等多媒体信息。各地的数字化信息资源通过信息高速公路，以内容丰富、结构清晰、使用极为方便的目录引导形式出现在用户面前。友好而标准的用户界面，使分布在各地的用户不需要任何专门训练便可以检索到各种信息资源，获得各类信息。

1. 数字图书馆的基本服务功能

数字图书馆的基本服务功能包括：①查询功能。通过联机目录系统指引用户使用未实现数字转换的馆藏文献，查询结果是目录单。②电子信息服务功能。提供本馆电子出版物、传统馆藏的数字转换信息，连接外部信息源。③网络服务功能。用户通过图书馆的通信服务器和服务工作站与其他网络相互连接，除提供一般的通信服务外，还提供访问相关信息数据库的服务。此外，数字图书馆还应具有以下功能：图书馆内部系统的高度集成化和多种信息源的深层次连接；迅速获取外部信息并向外界开放本地资源，使虚拟图书馆成为现实；友好的用户界面可以消除用户与信息之间的任何障碍；容纳多种信息类型的多媒体数据库。

在服务内容上，数字图书馆可以提供电子出版物、数据库、互联网上的各种信息。用户从数字图书馆中不仅可以得到二次文献，还可以得到文献全文以及多媒体信息。在服务方式上，读者只要上网，不论什么时候、什么地方都能享受到图书馆服务，从而使图书馆的概念发生根本性的变化。全球性虚拟图书馆服务将打破地域限制，使全球人类连接成一个整体。

2. 数字图书馆服务的组织管理

数字图书馆服务的组织管理可分为两个部分：一部分是传统图书馆服务的延续，即对各类信息的收集、加工、整理以及提供外借、阅览、参考咨询等信息服务；另一部分是图书馆自身的服务，包括对文献信息的数字化转换、数字信息的生成、远程网上服务等。二者相辅相成，前者为后者的基础，后者是前者的扩展与补充。

数字图书馆的服务对象更多的是网上用户。为此，图书馆必须从根本上转变观念，以便在组织管理上保证数字图书馆建设的顺利进行。图书馆必须重新考虑馆藏发展方针与政策，强调资源共享的区域性合作对策。对专题文献、不同版本的文献、专藏与特藏文献以及数字化信息的收集与跟踪，都必须重新加以审视。在网络环境下，图书馆的经费将不再局限于对文献实体的获取，更包括购买网上数字化信息的使用权，支付数字化信息的保存费，以及系统升级后的数据转换费。图书馆的形象不再局限于馆舍大楼内外，而是体现在网络信息服务形式和所能提供的服务手段上。

传统图书馆的建设多局限于馆舍建设、文献购置、阅览提供、外借服务等活动范围内，而数字图书馆建设意味着网络服务器建设、主页设计、数字化馆藏收集与存储、多种形式的远程服务组织等内容。

总之，作为传统图书馆在网络环境下的最新形式，数字图书馆必须经过长期的建设才能成为理想的现代信息服务机构。

三、数字图书馆文献信息环境的优化

（一）文献信息使用环境的优化

1. 现代化设备及网络技术

网络环境下，硬件设备的现代化和软件管理的现代化，是图书馆提供信息服务的技术保障。数据库技术、多媒体技术、网络通信技术、虚拟现实及计算机网络等信息处理技术，是数字图书馆中不可或缺的主要技术。这就要求图书馆必须明确信息服务的目的，服务对象的适应范围及基本需求，采用新技术、新设备，利用网络优势和人才优势，从专业的深度及特定的技能入手，利用图书馆现有条件，提高自动化水平，为用户建立和提供良好的网络使用环境。

2. 信息检索及信息过滤技术

数字图书馆的用户期盼根据自己的需要，选择不同的信息资源，使图书馆成为自己的个人信息空间。他们面临的不是信息不足问题，而是信息海量、信息质量参差不齐，造成不易查全、不易查准的困境。所以读者更期望运用信息检索和信息过滤技术，根据自己的信息需求对动态信息进行鉴别、判断，剔除糟粕，消除不相关的信息，保留精华，使之无论是内容、形式，还是网站页面都显得多样化、新颖化。既要有检索鉴别方法，又要有灵活选择的自由度，这对信息检索者的知识和技能提出了更高的要求。

3. 加强信息资源建设

信息资源建设是数字图书馆的重要内容，如果没有一个丰富的信息资源保障系统，信息服务就会变成无本之木，无源之水。图书馆不仅要加强传统馆藏建设，更要重视网络信息的建设。

从网上下载时效性强的信息资源，以便构建一个广阔的动态信息资源体系。图书馆应树立信息组织者、生产者的形象，有必要建立自己的网络参考信息数据库和重要网站镜像站点，或购买有关数据库的完全使用权，对重要内容进行下载存储，经过严格筛选及科学标引，进行信息资源的深度开发，合理组织、建立适合本馆咨询需求特点和方便适用的网络参考信息数据库。

（二）文献信息管理环境的优化

1. 创新的信息管理意识

未来网络用户将是数字图书馆用户的主要组成部分，传统的坐等读者上门的被动服务方式已不适应网络时代的要求，更不能很好地对信息资料进行深层次的开发和研究，转变旧观念是数字图书馆适应网络时代特点的关键，建立一套有效的信息管理模式和专业化信息管理队伍是图书馆管理功能发挥的基本条件。作为信息服务业的图书馆，除发挥自己的优势外，唯有创新才能增强图书馆自身的活力。数字图书馆的管理理念，不仅在现代技术上革新，同时强调观念的改变，从原来的守业观念向社会化观念、创新观念、科学管理观念、开放观念等现代化观念转变，强调以用户为中心，从以传统的文献服务为中心转变到以信息服务为中心。要走近用户，摸索出用户利用信息资源的行为变化，并根据其需求多样化的特点，为其提供有深度、高质量的信息服务。

2. 良好的职业道德素质

当今数字化高技术手段和动态性的信息资源，为图书馆的现代化服务提供了强有力的技术保障和物质基础，图书馆的服务模式成为一种全新的服务模式。在这种新的服务模式中，图书馆的服务宗旨没变，只是服务重心发生了转变，从一般性服务向咨询性服务转移；图书馆馆员的角色由信息的管理者向信息处理者转换，工作重心从文献信息管理转向信息的有效服务。迅速建立高素质的图书馆馆员队伍才是信息服务的关键，具体表现在除过硬的专业知识外，还应有良好的职业素质，包括扎实的图书馆专业知识和计算机专业知识、必要的法律意识、较高的外语水平及现代化信息管理素养。这是图书馆优化馆员素质的重要内容，它直接决定着图书馆的服务水平和服务质量。

3. 出色的信息管理技能

在数字图书馆这种新的服务模式中，馆员是图书馆管理的主体。他们既是图书馆信息库的建造者和使用者，又是信息资源与读者之间的桥梁和纽带；既是信息的导航者，又是信息的组织者和挖掘者。这就要求图书馆馆员除了具备良好的职业道德和信息素养外，还要了解计算机的基本知识和熟悉计算机操作，掌握信息检索技术、网络技术及系统维护等技能和具有较强的实际工作能力，包括有过硬的专业知识和有较强的决策判断力，有信息导航的能力和有博学的才能，真正具备精而博的知识结构和从网络上获取信息、处理信息和传递信息的能力，成为具有现代化信息服务意识、掌握现代化信息服务多种技能的管理行家。

（三）文献信息人才环境的优化

1. 数字化人才队伍建设

数字图书馆自动化的程度再高，也离不开人才，从数字图书馆的组织建设及其自身特点来看，这支人才队伍应该包括三种类型的人才：一是信息管理研究人才。他们应集信息技能、管理技能和相关行业专门知识于一身，能适应多种信息资源管理活动。二是信息技术开发人才。这类技术人员要有计算机自动化和网络方面的坚实基础，在数字资源开发、组织和提供利用方面具有丰富的经验。三是信息资源应用人才。这类人具有独立获取信息的能力和敏锐的信息意识，较高的外语水平和语言表达能力，计算机和网络运用能力，较强的专业基础知识和自学能力。图书馆应培养馆员高水平的专业技能，充分发挥他们的主动性和创造性，依靠他们的群体智慧和内在动力来实现数字图书馆信息资源共享和信息服务现代化。

2. 培养智能型的复合人才

随着网络技术的快速发展，图书馆除引进计算机专业及外语专业人才外，尤其要培养大批高素质人才。具体地说，数字图书馆文献信息管理人员应具备这样的素质：既要掌握一定的图书馆学理论知识，又要具备现代化技术的操作技能；既要像熟悉馆藏一样熟悉网络信息资源的分布情况，又要掌握网络信息资源的获取途径。他们既要具有现代信息意识，精通信息理论，熟悉现代信息技术，掌握图书馆信息管理学等方面的知识，又要能够提供全方位、深层次的具有较高科技含量的信息服务；既是信息专家、知识专家、网络专家，又是图书馆和现代技术应用智能型的复合人才。

3. 培养高素质的信息创新人才

随着信息化服务方式的改变和深化，图书馆工作人员素质的高低，是决定信息服务质量的关键，也关系到信息化建设的成效。图书馆管理者要有一个整体规划，重新定位、优化组合，制定出人才培养计划，使全馆人员都有更新知识、提高技能的机会，有目的地提高馆员的专业知识、计算机知识和外语水平，以利于图书馆信息服务从静态的印刷品仓库向动态的多功能网络化、数字化信息服务转变。此外，设法引进一些刻苦钻研、踏实肯干的高学历、高素质优秀人才，对一些基础较好、素质较高的中高级职称的馆员进行课题研究指导，逐步引导和鼓励年轻馆员向高学历、高职称方向发展，以适应图书馆现代化工作的需要，适应网络环境下文献信息开发的需要。

4. 培养深层次的信息管理人才

馆员是知识的载体，应该是信息专家和信息工程师，是信息系统的建设者，也是信息使用者的向导和顾问。数字图书馆专业队伍的建设，除引进和补充人才外，还应对现有的文献信息管理人员进行培训，建立健全图书馆人才培养体系，提高图书馆工作人员的能力和素质，包括有独立获取信息的能力和敏锐的信息意识，较高的外语水平和语言表达能力，计算机操作和网络的运用能力，较强的专业基础和自学能力，成为高水平的信息管理人才。

（四）文献信息服务环境的优化

1. 参考咨询虚拟化

虚拟参考咨询服务，指图书馆利用馆藏数字化资源，面对虚拟用户提出的各种咨询问题，进行实时回答的咨询服务过程。数字参考咨询与传统参考咨询最根本的区别在于，它不再围绕图书馆的物理环境进行，而是以每一个用户当时所在的物理环境为中心，在网络环境下，逐渐用广、快、精、准、新的观念和要求改造传统的参考咨询工作，利用现代计算机网络手段，挖掘信息中蕴含的深层次知识内容，提供高质量的参考咨询创新服务，并体现出现代图书馆的深层次咨询服务职能。网络参考咨询服务与传统信息服务相比有着更大的发展潜力。

2. 网络资源导航化

互联网是一个巨大的信息库，信息资源共建共享都是在网上进行，上面的信息十分庞杂，有用的学术信息十分零乱，检索非常困难，所以开展以资源明确性、有序性、可利用性等为目的的网络导航服务显得特别重要。图书馆应充当读者网络信息导航员，通过对网上相应学科专题的资源进行识别、筛选、过滤、控制、描述、评价，向读者提供各种网上检索手段，发现满足用户需求的资源，并根据用户的实际需求和学术特点，有目的地开发和利用各种网络信息资源，节省读者的信息查询时间。

3. 信息需求个性化

数字图书馆根据用户的需求，把自己的馆藏信息与将开发的信息及时、源源不断地通过网络提供给用户，为用户创造符合个性需求的信息服务环境，提供定向化的预定信息与服务，在信息内容和传递方式上突出个性化，并随着需求的变化而变化，从而满足特定用户和特定任务的需要。它是向用户提供满足其个性化需求的信息内容和系统功能的一种服务，也是根据读者的个性特征、兴趣爱好、行为需求及知识含量，去粗取精，去伪存真，提升知识价值，收集、提供适应读者个性化需求的信息服务过程。

4. 服务技能现代化

在网络环境下，图书馆应对馆员进行各种技能的培训，使其成为具有现代化意识、掌握现代化服务多种技能的复合型人才。这表现在：一是能够熟练用微机进行操作，能够利用现代化信息技术，将分布在网络中的众多数字化信息有序地分类组合，并将有价值的信息筛选出来提供给需求者。二是要有识别信息真伪的能力，对有谬误的信息能够进行修正,为需求者提供有用、正确的信息。三是能指导信息用户更有效地进行网上检索,起到信息导航员作用。四是不仅要有专业知识,还应精通各学科理论,了解国内外大事,掌握当前研究领域的难点、热点和前沿问题。

数字技术和多媒体技术的发展,极大地改善了用户获取信息的效率和速度,扩大了信息的传播范围,满足了用户的信息需求。图书馆应充分利用强大的网络传播功能及多媒体处理功能,为读者提供正确、有用的网络信息资源,使文献信息的传播环境达到最优化。

第三节 数字图书馆的资源优化路径

一、基于知识管理的数字图书馆资源建设的优化路径

(一)知识管理与数字图书馆资源建设的优化

在知识经济时代,经济的发展是以高新技术产业为支柱的,企业的发展日趋向高技术化、知识化转化,知识管理首先应适用于这些新兴的"知识型"企业。目前,以微软、英特尔、安达信等跨国公司为代表的"知识型"企业纷纷推出了各自的知识管理方案或行动计划,由此产生了相当可观的经济效益。这种模式被称为"微软管理模式",被众多企业所效仿。在数字图书馆的建设中,知识起着重要的作用,图书馆如何运用知识管理的理念指导和优化数字图书馆资源的开发建设,以提高图书馆在不断变化的数字环境下的应变能力,是图书馆在21世纪自我生存和发展的必然趋势。

1. 知识创新和知识重组——改变传统的"藏书建设"理念

传统图书馆的藏书建设侧重于表达知识的记录型信息,即侧重于显性知识的管理,而往往忽视隐性知识的管理,这里所指的隐性知识包括图书馆馆员或用户个人的知识、经历和工作技巧等。其实,隐性知识对于从事知识创新更为有效。它存在于人们的脑海里或者组织的结构和文化中,是工作中所取得的经验性知识,不易被他人获知。知识重组就是有效地组织隐性知识,精练、提取、发现隐含在信息中的有用知识,对其进行集合组织,设立一个包含信息使用者所需的相关知识信息的内容和地址的知识库,最终实现知识的转换和创新,因为只有这样才能实现知识的共享和交流。图书馆的知识管理属于公共知识的管理,其重点是:显性知识的有效开发、研究和应用,馆员或用户隐性知识的交流、共享和创新,加快隐性知识的显性化,

实现显性和隐性知识的转化和共享。从事知识创新是图书馆馆员在数字图书馆时代的重要使命，如图书馆的定题服务，就是把知识作为产品的一部分，要想使产品增值这些知识就必须是最新的。图书馆馆员要利用知识的原材料，通过科学研究把握知识之间的关系，来生产、创造新的知识。

2. 知识仓库——数字图书馆资源建设的核心内容

在数字化领域中，图书馆的工作重心开始移向网上信息的描述、管理和服务，利用现代化技术将更多的特色资源和常用资源数字化，通过元数据的应用，对这些信息资源进行组织研究，最终形成知识仓库。知识仓库是一种特殊的信息库，库中的元数据有相关的语境和经验参考。知识仓库相对于数据库而言，拥有更多的实体，它不仅存储着知识的条目，还存储着与之相关的事件、知识的使用记录、来源线索等相关信息。知识仓库是一个有机体，其生命力在于不断地更新。不断地周期性地对知识仓库内的知识评价更新，才能提供全面、广泛和准确的信息源。

各种特色数据库是知识仓库的主要数字化资源。目前，我国众多的图书馆、信息服务机构和商业公司已经开发了许多数据库，其中包括馆藏书目数据库和馆藏期刊数据库及特色数据库、专业数据库和商品化数据库。网上中文数据库是数字图书馆建设的重点，我国具有代表性的网上中文数据库有：中国期刊网、万方数据库资源系统、中国数据库和中国科学院科学数据库等。这些数字化学术资源，都可以进行面向内容的知识管理，基本能实现"为最需要的人，在最需要的时间，提供最需要的知识"的目的。

（二）知识管理和人力资源的开发与利用

知识管理理论的一个重要思想就是强调人在知识管理过程中的核心作用。人既是管理的主体，同时是管理的客体，人力资源是图书馆知识资源中最具创造力的资源，我们将其纳入整个资源体系中。这种资源体系主要由以下两部分构成。

1. 图书馆知识主管（CKO）体制——一种新的组织管理方式

现代信息技术已成为影响企事业单位竞争力的重要战略武器。信息就是财富，信息就是机遇，谁捕捉的信息越多，信息投入越大，所得的回报就越丰厚。要从混杂的信息中过滤出具有价值意义的信息，就需要有一双能够识别真假虚实信息的"神眼"。图书馆知识主管的职责是要建立一个知识积累、信息共享的环境，监督和保证知识仓库内容的质量、深度和广度，时时捕捉社会、图书馆本身和图书馆馆员的知识需求，为知识库不断注入新内容，使之及时更新，保障知识库设施的正常运行，促进知识集成、知识生产、知识转让和知识共享。这些知识不仅仅是数据，更重要的是深入人心并存储在大脑中和发表著作中的智力资本。

2.图书馆的人才建设——数字图书馆信息资源建设的关键

人在知识管理中处于核心地位,要建设一流的现代图书馆,就必须拥有一流的图书管理方面的人才。图书馆馆员应具备较高的信息素养和知识素养,使自己成为一个独立的终身学习者、知识的创造者、知识的中介者、信息的提供者。在网络环境下,用户要在海量信息中寻找自己所需的信息,很容易迷失方向,产生信息混乱。知识地图是利用现代技术制作的知识资源的总目录及各知识款目之间关系的综合体,实质上是知识目录的总览。图书馆馆员通过编制知识地图、培训用户等方式帮助人们识别、找到他们所需的知识。馆员也从图书保管员向知识导航员过渡。

知识信息咨询也是现代信息产业的重要组成部分,信息咨询水平的高低直接影响图书馆未来的社会地位及影响力。图书馆馆员依托于丰富的数字图书馆信息资源、先进的信息咨询工具和互联网,提供的服务范围包括定题服务、科研查新服务、读者培训服务等,并力图向全社会深入广泛地延伸,向全方位的服务模式转化。咨询馆员要根据馆藏特色和市场经济对信息的需求,与各级图书馆、科研机构、学术团体、金融、贸易等领域的咨询机构合作,扩大服务范围,提供人才、物资、市场、金融、法律等综合咨询服务,开展常年的信息代理、中介服务、技术咨询、专题资料的搜集和跟踪服务。

因此,图书馆要根据整体资源配置的需要,积极引进一些学有特长和特殊专业的人才;馆员应定期接受教育培训,积极参加各种会议及学术交流,不断更新自身知识,提高自身的竞争力。总之,图书馆馆员应立足于丰富多彩的图书馆实践,通过捕捉、发现实践中的问题,对其加以创造性的研究,为发展和完善图书馆理论体系增砖添瓦,成为发展和创新图书馆学的一支重要力量。

二、数字图书馆中网络信息资源的优化整合

网络环境下图书馆信息资源的优化整合与开发利用,是国内外图书馆理论界探讨的重大课题之一。本节通过对我国东、中、西部各行业有代表性的图书馆实地调研,在参考借鉴国外图书馆信息资源整合开发的实际操作模式和成功经验基础上,对我国图书馆信息资源优化整合与开发利用问题进行系统研究,并提出相关工作思路和应对措施。

(一)图书馆信息资源的优化整合

1.图书馆信息资源优化整合的原则性

(1)科学性。信息是一种网状结构,由众多结点和结点间的联系组成。结点是组成信息的最细成分,信息关联是若干个信息因子间的联系。信息资源的优化整合

针对的是信息因子的有序化和信息关联的网络化。

（2）系统性。网络环境下图书馆信息资源由实际馆藏和虚拟馆藏两部分组成。只有系统地、连续地从馆内与馆外、国内与国外收集和积累各种数字信息资源，进行优化整合，才能不断充实和发展图书馆的实际馆藏和虚拟馆藏。

（3）标准化。传统图书馆在信息资源建设过程中采用的软件差异很大，各馆的数据库建设也各自为政，其标准和格式不一致，无法在网上共享。信息资源整合必须按标准进行。

（4）共享性。图书馆间只有通过协同发展，才能形成互为补充、利用、推动的文献信息资源保障体系，才能最终实现提供网上信息服务，发挥信息网络的作用。

（5）效益性。社会效益指数字图书馆运行所产生的有益于社会进步的效果，给读者所带来的满意程度，对社会发展所起到的促进作用等。经济效益主要指图书馆对科技进步、宏观决策以及相关产业发展所起的作用。

（6）特色性。从网络整体出发，进行资源的合理配置，把图书馆网络建设纳入整个地区、国家和全球信息网络中，加强特色数字信息资源开发，建立特色数据库。

（7）安全性。采取必要措施，保证图书馆网络与信息资源的安全与正常运行。保护措施有：防火墙技术、VPN（虚拟专用网）技术、加密技术、网络病毒防治技术、跟踪检测技术等。

2. 图书馆信息资源优化整合的基础

信息资源网络建设是信息资源优化整合的基础。信息资源网是根据用户的不同信息需求，有针对性地进行有关信息的采集、加工、包装，形成信息产品提供给用户，在通信网和增值服务网上组织运行的信息应用系统。

3. 图书馆信息资源优化整合的重点

网络环境下图书馆数据库建设应走馆际联合协作的建设道路，同地区、同专业类型、同系统馆间应分工协调，尽可能地避免重复建设和人力物力的浪费。

4. 图书馆信息资源优化整合的目标

现代图书馆更加注重信息资源开发利用程度，最大限度地满足不同用户的需求。信息资源体系建设以网络为依托，将不同的馆藏资源共享，满足更大空间范围用户的信息需求。

5. 图书馆信息资源优化整合的方式

具体的方式有以下几种。

（1）文件方式。文件是一个具有符号名的一组相关的逻辑记录的集合。网络条件下以文件方式整合信息资源有简单方便的优点，能存储非结构化信息。

（2）数据库方式。数据库是在存储设备上合理存放的相互关联的数据集合。信息能高速处理大量结构化和非结构化数据,以信息项作为数据的最小存取单位。

(3)主题树方式。主题树提供一种界面机制,用户通过界面与网络信息资源的主题目录交流,通过主题目录间接地连接多个实际的数据资源。信息检索由用户按规定的分类体系逐步查询,目的性强,查准率高,具有良好的可扩充性和严密的系统性。

(4)超媒体方式。超媒体技术将文字、声音、图像、视频等多媒体信息以超文本方式整合起来,用户通过高度链接的网络结构在各种信息库中自由航行,找到所需要的信息。超媒体方式具有联想式的信息整合方式,具有图、文、声并茂的信息服务功能。

(二)图书馆信息资源优化整合的方法

具体的方法可以分为以下两种。

1. 分类法。分类法把表示各学科的类目,按信息资源分类原理进行系统排列,并以代表类目的数字、分类号作为文献主题的标识。分类法主要按学科、专业集中文献,并从信息资源分类的角度,揭示各类文献在内容上的区别和联系,提供由分类检索文献的途径。

2. 主题法。主题法将自然语言的语词经过规范处理后直接作为文献主题标识,并按字顺排列,结合参照体系和其他方法间接地显示概念之间的关系,提供由事物名称检索文献的途径,包括标题法、单元词法、叙词法、关键词法、自由标引法及其他自然语言检索法。

(三)图书馆信息资源的开发利用

1. 确立战略目标

(1)主客观条件。客观条件包括信息源、资金、设备、人员以及政策、法规等。主观条件指从事信息资源开发人员的能力。信息资源开发利用的战略目标应为,符合我国图书馆事业发展的状况,遵循信息资源开发与利用的规律,不断提高图书馆信息资源开发与利用的程度。

(2)目标分解。近期目标在3~5年内实现,主要任务包括搞好信息资源的普查,制定信息资源开发与利用的相关政策与法规,开发一些信息资源加工的软件,构建大型常用数据库平台;中期目标在5~10年内实现,主要任务是不断开发出符合我国信息资源发展特点的软件,建成具有自己特色的大型数据库,实现国内信息资源的共享;远期目标在10~20年内实现,在完善信息资源网络和实现信息资源共享的基础上,积极参与国际信息资源建设的竞争,实现全球资源共享。

2. 应遵循的原则

（1）客观性。要客观冷静地分析经济实力及信息资源开发能力、加工速度、利用程度等，任何方案的制定都应符合客观实际。

（2）针对性。由于信息资源的多元化，不同时期的信息资源呈现出不同的特点，因此，信息资源的开发与利用应加强针对性。

（3）整体性。网络环境下的信息资源分两部分，一是印刷型，二是非印刷型。它们相互依存、相互补充，构成了网络环境下的信息资源体系。

（4）效益性。从管理学的角度看，人本原理、系统原理和效益原理是任何一种管理都必须遵循的三大原理。人本原理和系统原理是管理的保障，而效益原理是管理的出发点和归宿，提高效益是管理的根本目的。

3. 开发利用的形式

（1）多级开发与利用。根据原始信息资源编制有关书目、索引，为一级开发；根据信息资源编制文摘或资料，为二级开发；根据收集到的信息建立全文数据库或系统档，为三级开发；对信息资源进行专题分析、综述，为四级开发。

（2）系列开发与利用。信息资源的题名、责任者、国际标准书号、分类号、主题词等信息资源开发点和利用点，形成了信息资源开发与利用的多视角，成为从不同角度开发但又相互配套的系列研究产品。系列开发还应该包括对某一用户进行连续不断的信息服务。

（3）合作开发与利用。图书馆之间、科研机构之间、企业之间、图书馆与其他行业之间以及跨行业跨部门之间的合作，是确保信息资源开发工作向纵深方向发展的基本保证，也是提高信息资源利用率的前提。

（四）信息资源优化整合与开发利用的具体建议

1. 宏观调控，组织协调

建立一个全国性信息资源管理的职能机构，负责全国信息资源建设、布局、共享及优势互补的总体规划，组织实施全国各系统、各地区图书馆信息资源的合理配置、优化整合及开发利用，对信息化、自动化、网络化建设和发展等进行统一规划和指导。

2. 规划目标，分工协作

从全局出发，制订有关图书馆信息资源优化整合与开发使用、共建共享和发展方向的规划目标，用这一规划对信息资源建设进行统一管理、统一协调，最终建立起多级的信息资源保障体系。按照分工的原则，中央级组织机构负责全国的信息资源开发与利用，各省、市级负责本省、市信息资源的开发与利用。

3. 制定法规，规范标准

尽快颁布有关法规法令，把信息资源建设置于法律监管之下，制定有关的标准与规范，使信息资源建设大到知识产权、小到信息加工的标准做到有章可循。

4. 多种渠道，增加投入

网络环境下图书馆数据库建设是首要任务，应更多地增加专项资金投入。在政府加大投入的同时，各馆可根据数据库类型和规模的不同，利用国家投资、社会集资或机构内部匹配资金，有计划地建设各种数据库。

5. 加强队伍建设，提高素质

必须造就一大批懂图书馆管理，掌握计算机技术的复合型人才：要系统学习图书馆学理论，运用理论指导实践；不仅能熟练使用计算机、掌握外语、网络、国内和国际联机检索及网络技术，还要有网络维护、开发软件的能力；同时，要进一步加强在职人员的业务培训，从整体上提高馆员的业务素质和工作能力。

6. 信息资源共建共享

图书馆信息资源的优化整合与开发利用必须走合作开发之路，走共建共享之路。利用整体的智慧、资金、人才，采取共建策略，是实现网络环境下图书馆信息资源优化整合与开发利用的唯一出路。

三、数字图书馆资源积累模式优化策略

以高校数字图书馆为例，在建设数字图书馆的同时，提高网络信息资源服务水平，是当前高校图书馆发展的重要目标。重视资源积累工作、努力实现数字化资源的高效积累，成为高校数字化图书馆建设的一项重要任务。数字化资源积累方式有自建、购买、馆际共享等，各种积累方式又有其自身的优缺点与适用前提。通过发挥优势、弥补不足的方式来优化资源积累模式，是实现资源高效积累的有效措施。本节在对比分析各种资源积累方式特点的基础上，结合实际工作经验，对高校数字图书馆资源积累模式的优化进行具体的分析。

（一）资源积累模式

高校数字图书馆资源积累方式，可分为自建数据库资源、商业化数据库资源、馆际共享数据库资源、互联网检索资源等。

自建数据库是工作人员将馆藏资源进行数字化处理，或馆藏数字化资源整理，并收录入数据管理系统而成的有形资源，包括随书光盘、学位论文、影音数据库等。

商业化数据库是数字图书馆以试用或购买的方式从信息服务企业获得的资源。由于数字图书馆只有商业化数据库的使用权而没有所有权，因此商业化数据库资源属于一种无形资源，如CNKI、维普、超星、Elsevier等。

馆际共享数据库是高校图书馆通过馆际合作、资源共享获得的数字图书馆自建数据库资源。馆际共享形式一般有两种，一种是"自建—共享"，另一种是"共建—

共享"。

互联网上存在大量免费资源,图书馆工作人员通过搜索、整理的方式进行资源获取,也是高校数字图书馆资源积累的一种有效方式。

(二)资源积累方式特点

自建、购买、馆际共享、网络检索等方式都可以实现资源的有效积累,但各种资源积累方式又存在一定的优缺点与适用前提。通过对这些资源积累方式在人力投入、资金投入、数据可靠性与完整性、读者服务稳定性与网络环境方面的特点进行比较,可以发现,自建、购买、试用等资源积累方式都存在一定的缺点,馆际资源共享的方式又以馆际合作与自建数据库资源积累为前提条件。因此只有根据高校数字图书馆的特点与实际情况,合理优化资源的积累模式,才能实现资源的高效积累。

(三)资源积累模式优化策略

1. 自建数据库

自建数据库资源既是高校数字图书馆建设水平的标志,又是馆际合作、资源共享的基础,因此自建数据库应作为高校数字化图书馆资源积累的首要方式。高校数字图书馆在自建数据库过程中应做到以下几点。

(1)根据本校教学、科研特色及本馆馆藏特色,重点进行特色数据库建设。特色数据库资源既是区别于其他高校数字化图书馆的关键,也是吸引读者的关键所在。在工作人员精力有限的情况下,重点对适用于本校读者的特色数据库进行建设,既能更好地服务于读者,又避免了数据库重复建设问题。

(2)做好馆藏数字化资源的整理、入库工作,提高自建数据库积累的工作效率。随书光盘、学位论文、影音资源等不需要数字化处理,经过简单整理后就可纳入自建数据库,能够显著提高自建数据库积累的工作效率。

(3)重视互联网资源的搜集、整理,不断扩充自建数据库资源量。互联网上具有丰富的免费资源,工作人员通过搜集、整理的方式将有价值的内容纳入自建数据库,可进一步实现自建数据库资源量的扩充。

2. 购买数据库

商业化数据库以其内容丰富、服务稳定、数据完整可靠等优势,成为高校数字化图书馆资源积累的重要补充。对于高校图书馆这种非营利服务部门来说,如何做到在尽量满足读者需求的前提下,减少资金的投入,成为购买商业化数据库的根本原则。在进行商业化数据库购买时,应做到以下几点。

(1)读者调查、读者决策。高校数字图书馆在购买商业化数据库时应按照先试用、后购买的步骤进行。在试用过程中,通过读者调查方式对数据库内容的丰富性、服务的稳定性等指标进行评价,并根据评价的结果来决定是否购买该数据库。这既体现了数字图书馆以人为本、读者至上的服务宗旨，又避免了盲目购买商业化数据库所造成的资金浪费。

（2）避免重复购买。当前同种类型的商业化数据库有很多，在选择购买时要本着数据库内容丰富、完整、服务稳定的原则，避免同种类型的数据库重复购买造成的资金浪费。

（3）合理决策并发读者数量。购买商业化数据库并发读者的数量与资金的投入成正比，因此对读者访问数据库情况进行记录、统计与分析，合理决策并发读者数量的大小，不仅可以提高所购商业化数据库的利用率，还节省了资金的投入。

3. 馆际共享数据库

馆际共享数据库作为一种高效的资源积累方式，符合读者群的要求，是当前高校数字图书馆资源积累应努力实现的目标。馆际合作与自建数据库资源积累作为实现资源共享的两个基本前提，在高校数字图书馆建设过程中应受到广泛重视。为了更好地加强馆际交流合作、实现资源共享，应做到以下几点。

（1）加强高校数字图书馆建设，提高特色数据库资源的积累量。高校数字图书馆不仅要重视资源的积累，还要保证读者服务的稳定性，通过提高网络信息资源服务水平的方式来吸引其他数字图书馆的交流与合作，进而实现数字图书馆间的资源共享。

（2）加强高校图书馆之间的交流，在高校间树立良好的形象。馆际交流促成了馆际合作，高校数字化图书馆在建设过程中应重视与其他数字图书馆之间的信息交流，并在其中树立良好的形象，为以后的馆际合作奠定基础。

（3）积极联合其他高校数字图书馆进行特色数据库的共建与共享。一所高校建设特色数据库的能力毕竟有限，通过积极组织、联合其他高校的方式进行特色数据库共建与共享，既减少了人力资源的投入，又可实现资源积累。

4. 整合互联网资源

互联网资源的检索费时费力影响读者获取信息资源，因此高校数字图书馆应重视网络导航系统的建设。图书馆工作人员通过积极的网络探索，发现有利用价值的免费资源，并将这些资源整合后以网络导航的形式呈现给读者，也是高校数字图书馆资源积累的有效方式。

数字化资源的高效积累是提高数字图书馆网络信息资源服务水平的前提。数字图书馆在加强特色数据库建设、提高自建数据库效率的同时，应积极通过馆际合作寻求高校间数据库共建与资源共享，并严格遵循商业化数据库采购流程，提高商业化数据库的利用率、减少资金投入，最终在优化积累模式的基础上实现资源的高效积累。

第四节　网络环境下的安全优化路径

当前，随着信息时代的迅速发展，互联网已成为社会上信息资源传播的重要渠道。与此同时，用户对图书馆的信息服务提出了更高的要求，所以，图书馆的信息服务工作必须与时俱进，跟上时代的潮流，寻求新的发展思路和突破。其中，电子阅览室成为读者的有效辅助设施，随着信息网络化的发展，读者使用电子阅览室的频率也越来越高，所以加强电子阅览室管理，优化学习环境，是提高电子阅览室使用效益的有效途径。另外，随着计算机和网络技术的发展，数字化文献资源建设已不再局限于传统的文本图片等类型的媒体资源，音视频等多媒体数字信息资源的数字化加工、存储和传播及应用也日益成为图书馆数字化服务和建设工作中的一个重要组成部分。流媒体技术的出现，使多媒体信息资源在互联网上的通畅传输成为可能，也为图书馆的服务创新带来了一些思考。

一、在网络环境下的图书馆信息服务工作

（一）网络环境下图书馆开展信息服务工作的重要性

1. 图书馆信息服务范围和信息服务方式的变化

图书馆的信息服务不仅要服务于本馆的工作人员，还要面向社会大众。随着信息服务范围的变化，信息服务方式也发生了改变。当今是电子计算机、互联网被广泛应用的时代，现代化的图书馆必须彻底打破传统图书馆手工借阅的方式，使用户不受时间和空间的限制，通过计算机终端随时随地获得所需的文献信息。

2. 信息服务内容和信息服务质量的变化

电子出版物的出现和国际互联网的迅速发展，极大地丰富了图书馆信息资源服务基础，使总资源结构发生了重要的变化。对用户来说获取某些需要的信息，无论是通过本馆收藏，还是通过网络存取，信息质量并没有区别。而图书馆也越来越重视信息资源的信息浓度，以便在信息内容上满足用户的需求。随着信息内容的不断增加，信息服务质量在发生变化。在网络环境下的信息服务工作必须具有较高的品质，具体可表现为快、新、全、精。"快"就是提供信息服务的速度快，"新"就是指信息内容新，"全"就是指信息资源共享材料全，"精"就是指信息内容精确。由于科研人员水平的逐步提高，其信息需求也向高层次方向发展，这就要求图书向有特色的信息内容方向转化。这些都是传统的图书馆信息服务无法实现的。

3. 读者需求的变化

要求图书在收藏对象和整序方法等方面做出相应的改变。从收藏对象方面来看，在网络环境中，传统图书馆以纸质文献为主的馆藏体系，将成为图书馆迈向现代化——实现电子图书馆的障碍，因为后者是利用计算机即无纸化来处理信息，而我们所使用的计算机不能直接识别和处理纸质文献信息。传统图书馆向电子图书馆发展演变的过程，也就是图书馆收藏从纸质文献为主向电子文献为主转变的过程，在未来相当长的一段时间内，文献收藏类型将会出现两种类型并存的局面。但从发展趋势来看，电子图书必将逐步成为图书馆的收藏对象。从整序方面来看，对文献资源进行整序是图书馆馆员最基本的职能之一，网络环境下，由于"馆"的概念既包含本馆馆藏资源，又包括网络上的"虚拟馆藏"，所以文献资源共享源的整序就必须包括馆内的文献资料的整序和网络信息资源的整序。它们的根本区别在于，传统的文献资源整序的对象是静态的纸张型的信息，而网络信息资源整序的对象是动态的电子型的信息。为了适应以上新的情况，图书的信息服务项目工作应有新的思路。

（二）在网络环境下图书馆开展信息服务工作的若干思路

在网络环境下，用户对信息的需求不再是书目信息，而是希望得到更多的全文本或多媒体信息，即用户对图书馆的服务项目已从单一的文献信息服务转向全文献信息的集合、联机检索、信息查询等为一体的服务方式。这样，就必须开创网络环境下的图书馆信息服务的新格局。

1. 要树立以人为本的服务观念和方式

在网络环境下，首先要转变图书馆信息工作的服务和观念，树立以人为本的服务方式和宗旨，开展图书馆个性化和人性化的服务项目方式，在跟踪服务、定期服务的基础上，结合网络信息资源的特点，针对每个用户的不同特点和需求进行有针对性的服务。并通过查询用户利用信息资源的档案记录或进行问卷调查的方式来掌握用户真正的信息需求，有针对性地进行挖掘、筛选，并通过电子邮件等方式给特定的用户，使用户感觉到图书馆信息服务的主动性和科学性。

2. 各图书馆要建立特色数据库，实现资源共享

建立图书馆特色数据库是实现计算机管理的前提条件，是图书馆现代化发展的基础。随着经济的发展，信息资源的丰富，除了建立文献数据库、索引数据库、书目数据库以外，还要建立有特色的数据库和专题数据库。另外，还应根据自身文献资源优势和自身图书馆馆藏的特色有针对性地开发特色数据库。如以图书馆重点收藏的核心文献——马列著作、毛泽东思想和邓小平理论的著作、文献和各级机关的决策性信息及各种资源为重点建立图书馆特色数据库和专题数据库，为用户的参考咨询工作提供丰富的信息资源。而一般性的文献可以用文摘、题录等形式建立数据

库。在网络环境下，图书馆还应进行图书馆联合作业。首先是联合编目分类。其特点为"好、快、省、多"，提高编目分类的效率。其次是馆际联机检索。馆际联机检索就意味着各成员馆可以根据网上提供的各种动态，反映文献状况的信息，了解网上的文献资源，获取所需要的文献资料。最后是实现馆际的互借与资源共享，各成员馆可以通过网上预约功能，实现馆际互借，从而提高馆藏的使用率。

3. 必须加强图书馆信息服务工作的广度和浓度

在网络环境下，随着信息数据数量的剧增，在大量的信息海洋中寻找有价值的文献信息精品会越来越难，这样就会形成一个"信息孤岛"。所以图书馆要学会在大量的信息中挖掘精品信息，并将其收集；通过分析、研究撰写二次、三次文献，把有用的高质量的信息提供给用户。图书馆不仅要建好自己的网站，还要不断拓展信息服务工作的范围和深度。如在网络环境下开展自己的信息导航、信息检索、信息传递以及参考咨询等信息服务工作。建好自己的网络体系，拥有提高数据信息服务的专用服务器，在教育科研网上拥有自己独立的网络窗口，从而提高本馆的知名度。

4. 各图书馆馆员要注意吸收先进的网络技术为用户服务

图书馆应该利用互联网上现有的搜索引擎，把用户研究的课题等资料整序情况提供给用户，指引用户正确使用检索系统，并建立专业的（或专题）的信息资源导航库。这样可以有效为用户提供方便快捷的信息服务工作。

5. 图书馆必须培养一支高素质的专业人才团队

在网络环境下，图书馆馆员所面临的挑战是前所未有的，从馆藏文献到网上信息的有效组织再到信息服务，都需要一支高素质的、能胜任文献信息资源组织的专业队伍。图书馆要想在未来的信息服务中发挥作用，图书馆馆员必须在业务知识和操作技能上加强自我学习。在学习的过程中，不仅要使自己成为图书馆的业务员和计算机网络的维护员，还要使自己成为未来信息服务中的文献信息管理者、网络导航员等新角色。

6. 增强图书馆用户使用文献信息的能力

由于每个图书馆都有其特定的读者群，特定的读者群自然有其特定的信息需求和特定的信息服务，所以图书馆的任务不仅是向用户提供文献信息，还在于教会用户如何利用先进技术获取所需的信息。因此，图书馆应培养用户识别信息、查找信息和利用信息的能力，还应有针对性地为用户提供信息资源方面的服务。

二、网络环境下电子阅览室的管理与建设

当前，传统的图书馆信息服务已经无法满足用户的需求，而电子阅览室将发挥更大的作用，因此，加强电子阅览室的管理，优化学习环境，是提高电子阅览室使

用效益的有效途径。

（一）提高阅览室工作人员的业务能力，优化学习环境

电子阅览室是指图书馆管理员在一定的环境中使用一定的媒介和方法，有计划、有目的地进行素质教育和培养的过程。在这一过程中，电子阅览室工作人员的工作有着不可忽视的促进作用。电子阅览室工作除了要求电子阅览室工作人员培养强烈的责任心和良好的职业道德外，还要求他们成为一支胜任其职的专职管理队伍，提高他们履行岗位职责所应具有的业务能力。从这方面来看，电子阅览室工作人员必须具备如下条件：对用户的需求情况有所了解；具备一定的专业计算机技术和操作技能，能迅速地判断一般性的故障，并熟练地将其排除。

（二）明确阅览室工作人员的工作职责，是优化学习环境的关键

电子阅览室出现故障的主要原因是使用率高，对其重复使用不便管理。当前，电子阅览室学习设备不能满足用户的需求，经常处于超负荷运行状态，是造成设备完好率差的主要原因，但更主要的原因是维护人员缺乏设备使用和设备维护方面的知识。在电子阅览室，用户以设备为手段来完成学习，一流的学习质量需要一流的学习设备和管理来保证。有了先进的学习设备而无人管理或管理不善，先进的设备也会闲置或不能发挥其应有的作用。电子阅览室应建立和健全制度，加强对于使用者（包括学生和老师）的管理。就这一方面而言，明确阅览室工作人员的岗位职责，是优化学习环境的关键。阅览室工作人员的基本职责应该包括以下几个方面：熟悉和掌握设备的性能、操作规程和使用状态，做到心中有数、操作自如。用户初次使用前，阅览室工作人员应向他们着重说明各种规章制度和纪律处罚原则；要建立学习设备的检查制度，包括日常检查和定期检查。日常检查是经常性的维护保养措施，主要放在每次使用前后进行，重点检查易损部件和设备的运行状态；每过一段时间至少进行一次检查调试，通过检查调试发现设备潜在的问题及保养情况，及时进行维修，使设备处于良好状态。这样既能保证用户的需要，又能使设备得到有效的保护，延长其使用寿命。

（三）提高管理员的技术，是提高电子阅览室使用效益的有效途径

加强对设备的管理，使学习设备经常保持完好，是用户能否在电子阅览室中顺利完成学习的保证。目前电子阅览室设备发展很快，从简单的听音、对讲到多媒体，设备越来越复杂，功能越来越齐全。但是有些功能的使用率却极低，很多用户往往是将功能电子阅览室当作单一的"网吧"使用，没有充分发挥先进设备的使用效益。要提高电子阅览室的使用价值，管理员起着主导作用。提高管理员的技术，是提高电子阅览室使用效益的有效途径。

由于每个用户的需求有所不同,且他们没有经过专业知识的培训,掌握设备的性能有一定的困难,很难去研究设备的性能及操作程序。所以,用户在操作使用设备的过程中难免会出现问题,并影响学习效果,也就更谈不上进一步开发利用设备的功能。要提高管理员的技术水平,应对管理员经常进行操作培训,特别是对新电子阅览室的管理员更要进行系统的培训,使他们到电子阅览室上课时能正确、熟练地使用设备,并对所使用的电子阅览室的主要技术性能,包括主控台的配置方法都要有一定程度的了解。目前,大部分管理员仅能进行简单操作,要改善这样一种状况,就要有针对性地加强图书馆管理员的计算机能力训练和培训,使他们能充分地利用和开发设备功能,提高电子阅览室的使用效益。

(四)加强卫生管理,优化学习环境,是调适用户心理的客观因素

在学习过程中,很容易被人们忽视的因素就是用户的心理状态及调适工作。用户的心理状态对于获取知识的效果事实上有直接的影响。其中,图书馆电子阅览室的室内环境对用户的心理状态有不可忽视的影响。如果图书馆电子阅览室的室内环境遭到污染,包括地面上的泥土、灰尘,或是纸屑(更不用说桌面上的涂鸦了),都会影响用户的心理状态、注意力及情感。这是一个最棘手最难管理的问题。因此,加强实验室的卫生管理,优化用户的学习环境,是调适他们学习心态,推动和激励他们学习兴趣、学习情感的客观因素。

(五)加强交流与协作,是提高电子阅览室使用效益的保证

加强语言实验室管理,优化用户的学习环境,有效地发挥图书馆电子阅览室的特有优势,是现代化教学的现实要求。当前,电子阅览室被广泛应用于大学图书馆,图书馆工作人员应积极学习和掌握新的技术和设备管理方法,熟悉教学状况,以便更好地为获取信息资源进行服务。加强各方之间的交流与协作,是提高电子阅览室使用效益的保证。可以采取"请进来、走出去"的方式,加强与语言设备生产厂家(商家)、使用同一设备用户的联系,积极交流开发设备功能方面的经验,提高设备的利用率。

(六)加强信息资源建设,实现电子资源共享

随着计算机技术的普及和网络化的实施,电子文献、网上信息、光盘库、镜像站、电子图书馆等多媒体的文献资源结构正逐渐代替传统的图书、杂志和报纸等文献资源结构。为此,图书馆应立足于自身的优势,从以馆藏文献服务为主转为以信息服务为主,建立全新的开放体系;同时图书馆还应加强电子文件的采购,调整传统的出版文献与电子出版物的比例。更为重要的是,图书馆的管理员应熟悉收藏检索工具和全文电子文献的检索工作。也就是说,图书馆在加快其数字化、电子化建设的

同时，必须拥有一批具有较高信息素质的、承担电子文献与学生互动交流任务的管理员队伍，培养出能掌握新的信息和电子技术的人才队伍，以满足用户电子资源共享的要求和需要。

在现代社会中，互联网的互动式传播，为人们提供了符合人类联想思维特点的大规模的知识库和信息库，为人们主动地学习新知识，认识新世界，实现自我发展提供了技术配备和传输方式，图书馆作为公共信息流通的优势不复存在。必须有针对性地选择各种电子文献、各种数据库和网络信息源，同时图书馆管理人员应善于利用计算机网络优势，通过网络下载、组织和整理网络信息资源，对网上资源进行评价和选择，以优化图书馆的管理。

三、流媒体技术在数字图书馆中的应用分析

在今天的网络技术发展下，数字化文献资源建设已经由传统的文本图片转化为音视频等多媒体数字信息资源的数字化加工、存储和传播及应用。流媒体技术的出现，使多媒体信息资源在互联网上的通畅传输成为可能，但也为图书馆的服务创新带来了新的问题。

（一）对流媒体的认识

1. 流媒体

流媒体（Streaming Media）是互联网中使用流式传输技术的连续时基媒体（如音频、视频或多媒体文件）。这些基媒体先经过特殊的压缩，然后分成一个一个压缩包，由服务器向客户机连续、实时地传送，用户不必等到整个文件全部下载，只需经过几秒或十几秒的启动延时即可对其进行查阅，而文件的剩余部分将会在后台从服务器继续下载。流媒体技术包括流媒体数据采集、视/音频编解码、存储、传输、播放等领域。

这里主要有网上电影点播、歌曲点播、电台电视台的网上直播等。把流媒体技术引入图书馆的多媒体信息资源管理，正是基于易于管理、使用方便的原则。简单来说就是：把现有多媒体信息资源进行编码后变成体积相对较小的流媒体文件并放到网络服务器上，有了流媒体技术，读者想观看或收听图书馆提供的多媒体资源的内容，通过网络即可实现，而不用亲自到图书馆中来，也不受图书馆开馆时间的限制，真正实现了打破地域、时空的限制。

2. 流媒体的优点

多媒体信息被转换成适合网络传输的特定的数据格式后，没有传统播放系统搜索和更换碟片的现象；支持多点并发，具有一对多、多对多的特性，可满足多人同

时在线播放同一个或多个不同的音视频信息资料；采用先进的数据转换压缩技术，支持多种压缩格式，图像清晰，音质优美，即使反复使用，音质和图像也不会受磨损；用户可根据自己的兴趣和需要随时播放多媒体信息，不受时间、空间和地域的限制；流媒体技术边传输边播放，不会在用户端留下任何多媒体资料的拷贝，对作者的知识产权有了较有效的保护作用；采用流媒体压缩编码技术，文件压缩率高，节省存储空间，传输时对带宽资源消耗低，还不容易造成网络的堵塞。

（二）流媒体在数字图书馆中运用存在的问题与解决方法

流媒体数字信息资源在图书馆中的使用还不是非常成熟，还存在着一些不足，具体表现为以下三个方面：

1. 内容缺乏，更新速度慢

目前，各图书馆的流媒体服务质量参差不齐，普遍存在功能不完整、性能和扩展性较差等缺陷。由于用户资源相对独立，导致开发周期较长，业务提供慢，服务模式单一，不能有效地满足需求的变化，缺乏灵活性，而且有很多图书馆自建的流媒体数字信息资源多以娱乐为主，缺乏学术性，缺乏馆藏特色。流媒体的播放方式以点播为主，对直播和广播的运用还不够。数字图书馆普遍采用了北京爱迪科森技术有限公司的产品——网上报告厅。虽然网上报告厅实现了内容提供和技术支持一体化，但是其内容提供商数量较少，信息种类单一，其合作单位也仅仅是中央党校、中央电台、清华大学、中华医学会、中国医学会、中国经济 50 人论坛等部分权威学术机构专家报告资源。作为图书馆不仅要加强自身的服务内容提供，还应积极扩大内容提供商的范围，保证内容提供的可持续，更新的快速化发展。

2. 检索能力尚未实现突破

传统流媒体信息检索除了文本方式以外，就是通过快进快退等简单枯燥手段实现的人工检索，现代的流媒体信息检索希望通过画面、声音、图形活动帧、视频情节等来检索到想要的视频文件或者影像片段，即基于内容的视频检索。例如在电影中检索喜欢的情节，在学术报告中检索感兴趣的话题，在体育节目中检索喜爱的体育活动。基于内容的视频检索，根据视频的内容和上下文关系，对大规模视频数据库进行检索。它提供这样一种算法，在没有人工参与的情况下，自动提取并描述视频的特征和内容。这是一门交叉的学科，涉及多媒体处理、人工智能、数据库、人机交互界面设计、快速索引等问题。目前国内外已经开发出了多种视频数据检索系统，但技术还不是很成熟。

3. 缺乏资源共享

任何一个图书馆都不可能将多媒体数字信息资源搜集齐全，在实际工作中，各图书馆往往有不同的信息资源，再加上各自为政，因此存在部分资源重复，而一些重要资源却严重匮乏的状况。对此，各图书馆则可以根据自己馆的特点来建立特色多媒体数字信息资源，然后实现共享。

数字图书馆基于流媒体技术信息共享中可能遇到的一些问题：流媒体技术种类繁多，需要决定以哪一种为处理的范本和提供的形式，版本不同会导致播放过程中的不兼容，影响用户使用，高版本播放工具是可以播放低版本文件的，反之则有；参数设置的不同导致文件大小和文件质量的不同。在数据采集和数据转换的过程中，参数设置的不同会使馆藏文件出现优劣不一致的情形，不利于多媒体文件整体保存，也给用户的选择带来困难。可以采用某种参数作为行业标准，以此为基础提供多形式和样本的服务。转换工具的不同也会导致文件的大小及质量不一致。这是因为在不同的工具环境下，采用的算法是不同的。最好在这种转换过程中使用特定的工具，它不一定是技术最好的，但可以是市场应用最广的，有利于用户使用的。

正如盖茨所指出的，流媒体的出现和广泛应用将节省大量的资金，将流媒体与微软的 Office 软件结合在一起，必定为人们的工作带来一场革命。同样有理由相信，随着流媒体服务的发展，对流媒体的处理和大量应用，将为数字图书馆和用户之间的关系带来一场革命，成为图书馆的一大特色服务。

第五章　数字图书馆信息资源的建设与处理

第一节　数字化信息资源的来源

数字化信息资源是数字图书馆履行社会职能的主要物质基础，它对数字图书馆的重要性相当于图书对于传统图书馆的重要性。如果没有一个持续不断的数字化信息来源和一个完善的信息资源组织策略，对构建数字图书馆的信息大厦来说是极为不利的。

数字化信息资源是转化成数字格式的信息，其来源渠道、组织与实现方法均有别于传统图书馆信息资源，即数字图书馆应对来源各异的资源进行有机集成。从总体上来讲，数字图书馆信息资源来源于三个方面：馆藏资源数字化、网络资源下载和电子资源库采购。馆藏资源数字化是指首先通过键盘输入、扫描等手段将原有的馆藏资源数字化，并经过加工后形成的资源，它可以按一定的组织形式存储，在硬件条件的配合下，联入互联网中，提供给远程用户检索、查询和利用；网络资源下载指通过互联网获取的、能满足人们信息需求的有效信息，主要取材于互联网；电子资源库采购指通过购买等手段将现成的商业数据库纳入图书馆自身馆藏之中，是一种快速有效地扩充图书馆馆藏的重要手段。这三种资源也有交叉，如网上的电子期刊、电子图书可以说是网络信息资源，但是它们又是实物信息资源数字化后得到的，所以又可以说是馆藏数字化信息资源。电子资源库的资源来自对纸本资源的数字化，只不过集中成一个资源库成了产品。下面将分别对不同的数字化信息资源的来源进行阐述：

一、馆藏资源数字化

（一）键盘输入

利用计算机键盘输入数据是一种较为原始的手段，这种方式形成的文件占用空间小，但是效率低、错误率高、成本也高。现在这种方法只局限于小范围的输入工作。

（二）扫描

扫描是数字图书馆建设的最主要手段，在馆藏数字化方面起到了不可低估的作用。扫描识别录入技术是一种根据光电转换、模式识别和人工智能原理，将印刷或手写的文字或符号通过高速扫描设备录入并转换成可供计算机读取的内码，从而达到自动录入资源的目的。

1. 扫描设备

扫描仪起步于20世纪70年代中期，最初的扫描仪仅能捕捉黑白二值化图像，体积相当大，扫描速度也很慢，且无法输入彩色图像。到20世纪80年代中期，诞生了世界上第一台彩色扫描仪。现在，扫描技术已有了迅猛的发展，目前最常用的扫描设备是平板式扫描仪。各种扫描仪具有自动辨别像素的灰暗程度（灰度）和颜色的功能，使计算机能输出与原件一样的图像。

扫描仪已广泛运用于图像处理、文字识别、图形识别，是文字、数据录入和信息识别领域不可缺少的设备。

2. 扫描资料的选择

图书馆需要对拟扫描的资料进行选择，选择时需要考虑：

（1）公众网络检索需要。

（2）高成本与有限资金之间的矛盾。数字化所有馆藏文献需要大量的资金投入，且数字化后的文献还需要成本的投入，如质量控制、元数据生产、制作索引等。

（3）保存的困难。由于计算机软硬件在不断变化，数字文献的长期保存和迁移较困难。

（4）知识产权问题。必须在文献数字化之前解决其知识产权问题。

（5）社会的考虑。某些文化的或过于敏感的资料不宜放在网上。

（6）文档规范化。文献数字化中三分之二的成本用于元数据的创建和质量控制的工作，因此，不符合文档建设规范的文献，在加工之前不宜数字化。

（7）图书馆信誉。图书馆需要检查数字化资源的准确性和信息的权威性，可以从撰写人的权威性、背景等方面严格地剔除不够准确的信息。

为了确保拟扫描资料的质量，建议图书馆在数字化资源制作前成立一个资料筛选工作组，资源的选择可采取三个步骤：

（1）资料范围的界定。组织资源收集人、研究者（资料筛选人员）对收录资源的学科、地域、时间、语种、类型等进行界定，以确定需要数字化的文献范围。

（2）根据上述标准在界定的文献范围中筛选出符合要求者。

（3）根据文献的价值、使用程度和数字化的风险程度对文献的优先程度排序，以决定文献数字化的先后次序。

3. 自动识别（Optional Character Recognition，简称 OCR）

扫描之后的计算机自动识别技术是整个数字图书馆建设中至关重要的技术之一，自动识别技术的先进与否决定了数字图书馆信息资源建设的速度与质量。

文字的计算机自动识别技术是数字化领域的一项非常重大的革命，它是利用计算机软件把扫描的文献转换成字符文本的技术。它的工作原理是通过扫描仪（或数码相机）等光学输入设备获取纸张上的文字图片信息，利用各种模式识别算法分析文字形态特征，判断出文字的标准编码，并按通用格式存储为计算机的文本文件。因此，OCR 实际上是让计算机认字，实现文字自动输入。正是由于它录入速度快、准确性高（识别率可达 98.5% 以上），操作简便，能大幅度提高工作效率，适应信息时代快节奏的要求，因而具有广泛的发展前景。

（三）全息加工技术

全息加工技术是指在纸介质信息数字化时，将扫描识别的文字信息和人工标注的版式信息（如字体、字号）相结合，连同图像和其他版面信息用页面描述语言生成版面文件，版面文件还包括用户自定义汉字，再将导航、自动导读等增值信息与之结合起来，构成可供数字阅读的原版信息。简而言之，将纸质文本低成本、高效率地转换成保留全部信息的数字化文档。书生之家数字图书馆就是使用这种全息数字化技术来加工原始资源，解决了图书信息完整性、导航信息、海量存储、图书浏览、防下载盗版、防止信息拷贝盗版等问题，其做法有一定的借鉴价值。

二、网络电子资源下载

网络电子资源下载是数字图书馆迅速扩大其馆藏的一条非常经济的途径。

（一）电子资源收集策略

图书馆工作人员可从各种途径收集和下载对图书馆有重要作用的电子图书、电子期刊和各类特色网站等电子资源。

网上各类电子资源内容丰富、格式多样，而且大多可免费下载。但它们分布零散，不能系统地供读者使用，这就需要数字图书馆工作人员利用各种途径找到这些杂乱无章的电子资源，并将其下载到数字图书馆本地存储媒介上，然后按照图书馆的分类体系将各种电子资源归入不同类别，以方便读者取用。

在电子资源收集过程中，不妨动员读者推荐或提供电子资源。这正是数字图书馆比传统图书馆有所突破的地方：传统图书馆无法集中读者的力量为馆藏建设添砖加瓦，而数字图书馆则可以充分利用电子信息资源无限复制、无限传播的特点，将一位读者手中的书变成大家手中人手一本的书，从而以极大的速度扩大馆藏。对于提供电子资源的读者,要给予适当的鼓励,譬如一些物质奖励,如赠送读书卡等,使读者切身体验到奉献一本书,就得万本书的好处,充分调动起读者的积极性和主动性,从而使得可供下载的电子资源越来越多,也可为图书馆节省大量的成本。必须强调的是,一切提供下载的文件不可用于商业目的,而且要在版权允许的范围内。若原文有版权,应照原文格式提供下载,不能人为去掉版权信息。

(二)网络电子资源的整理

由于技术上的原因,下载后得到的资料格式不统一,要对这些不同格式的内容进行组织涉及多方面的技术,如脉冲信号、数据宽度、像素、颜色、对比度、压缩编码算法等。不同的文件格式需要用不同的软件来显示,这给人们的查找带来了一定的难度。不同的文件格式并非都可以相互兼容,有的格式之间转换后会发生变化。例如,当纯文本文件被调到 Word 中时,Word 不能对其进行自动排版,无论纯文本文件原来的格式多么整齐,调入 Word 后,文本的左右两边不能同时对齐,如果原文本每行的字数较多,调入 Word 后,可能会被拦腰截断。再如,将 HTML 格式文件转换成 Word 后,有时还会损失一些图像信息。

因此,需要利用图书情报学关于信息组织的方法与技术对网络电子资源按类归并、统一格式、添加检索功能,才能更好地提供给读者使用。

三、电子资源库的采购

电子资源库的采购主要指购买各种商业数据库(包括综合性数据库与专业性数据库),这是数字图书馆信息资源建设中很快捷的途径。面对如此众多的数据库,数字图书馆工作人员只有多方了解、认真选择,才能充分利用有限的资金购买到能够最大限度满足读者需要的资源库。

数据库购买时要注意以下几个方面的问题:

(一)深入了解各种类型的数据库

对电子资源库市场,图书馆采购员必须有一个既宏观,又微观的认识。宏观上,要了解资源库的类型、不同资源库之间的关系以及资源库是否适合图书馆自身的长期发展走向;微观上,要具体了解某一类型的某一种资源库的历史发展情况、技术支持公司状况、资源库的服务对象、未来发展方向以及服务费用等。另外,要比较不同资源库的发展优势并做好详细备案,要调查各资源库用户的使用情况、了解各资源库制作公司的信誉及售后服务的真实状况等。通过这一系列方式,才能对资源库有整体而详尽的了解,才能准确进行资源库的采购。

（二）正确认识数字图书馆自身的情况

建立在了解数字图书馆资源定位上的资源库选购才可能是成功的，定位主要应考虑以下因素：

1. 数字图书馆自身的性质和发展趋势的定位

资源库的采购要结合图书馆的馆情，明确自己的性质和发展导向，即自身的定位是综合性图书馆，还是专业性图书馆；是面向大众、学术社区，还是面向政府。例如，高校图书馆与公共图书馆选择信息资源库的导向就不同：前者主要以学术数据库、专题资料库、研究资源库为主，以面向大众的电子书库如书生之家等为辅；后者则主要以地方文献数据库、特色数据库、财经及科普方面的数据库为主。

2. 读者群的定位

读者的评价是一个数字图书馆是否成功的重要指标。数字图书馆要满足读者的需求，就必须订购符合本馆读者群文化层次、兴趣爱好的资源库，还必须从历史角度来研究读者群的变化情况，这样才能真正订购到合适的资源库。如公共图书馆的读者对象往往定位为本地区的社会公众，所以科普性的资源库要多些，而且一般以制作地方特色数据库为主。

（三）合理利用资金

资金问题是决定能否购买、购买多少以及购买什么档次的资源库的重要因素。合理利用所提供的资金，为读者提供力所能及的服务是我们的宗旨。

（四）数据库服务商的选择

电子资源库服务商的质量不一，好的服务商将着眼点放在如何满足图书馆的需求上，而有些服务商只是简单地汇集来自不同数据库生产商的产品，没有做更进一步的精加工，也没有开发将这些数据库进行集成的技术。另外一些服务商的主要目的是销售其软件系统，不太重视资源库本身的质量。因此，服务商的选择对于电子资源库建设的质量非常重要。

选择服务商并不容易，特别是当面对一个大而复杂的项目时，建议的选择步骤为：确定项目的目标和内容；初步确定潜在的多个服务商；公布项目的目标，寻找对项目感兴趣且基本符合项目要求的服务商；制定一套项目操作方法和质量控制手段；列出一系列的服务商名单；撰写一份 RFP（建议需求书或招标书），并将之发送给选好的服务商；当服务商准备他们的方案时，和服务商多交流，包括访问他们的网站和面对面交流；评价不同服务商的方案并选出最佳方案；签订协议；与服务商协同工作。

当然，在实际操作中，要综合考虑上述各个实际因素，动员馆员、专家以及读者对资源库的购买提出自己的意见，集思广益。即使已购买了数据库，也要不断听取读者的反馈意见并加以修正，在图书馆与读者之间形成良性互动的机制，这才是数字图书馆健康发展的真正源泉与动力所在。

第二节　数字信息资源的描述和处理

一、数字信息资源描述和处理语言

数字信息资源的描述和处理是数字图书馆的一项核心内容。为此，许多专家和学者在网络信息资源的描述与组织方面做出了很大努力，搜索引擎和主题指南的出现，多种元数据格式、标记语言框架的提出都是这种付出和努力的具体体现。

随着对这些标记语言研究与应用的发展，与它们相关的标准也取得了重大进展，与SGML（标准通用标记语言）相关的最典型的是HyTime（超媒体文档结构语言）和DSSSL（文献样式语义和规格说明语言）。

（一）超媒体文档结构语言（HyTime）

HyTime（Hypermedia/Time-based Document Structuring Language）标准是关于超媒体文献标记方面的超媒体语言。它定义了超媒体和多媒体系统，尤其是超链接（Hyperlinks）、对象的定位（Locations of Objects）和文摘表示空间（Abstract Presentation Space）等方面编码的体系结构，并提供了在SGML文献中表示链接的标准方法，而最有用的概念之一就是体系结构格式的标准化。HyTime系统使用SGML作为它们管理数据的基本编码语法，但又不局限于SGML编码数据的管理。它是SGML的应用和扩展，在超媒体文献的数据资源管理方面必将有广阔的应用前景。

（二）文献式样语义和规格说明语言（DSSSL）

DSSSL（Document Style Semantic and Specification Language）的基本目标是为处理与SGML文献标记相关联的信息提供一种标准化的框架和方法。其主要用途是实现SGML文献向其他格式文献（包括SGML文献等）的转换，从而促进文献信息资源的交流与共享，这将极大地拓宽和加速SGML的应用。

二、数字信息资源描述和处理的标准与规范

标准与规范是数字图书馆建设与服务优化的技术保障与管理基础，技术标准着

重从技术方面规定与规范数字图书馆实现的技术机制与功能指标要求，管理规范则从改革、组织、人力与资源方面对数字图书馆的实施进行规划。在数字资源建设的早期，图书馆面临的问题是如何把传统载体形式的各种信息资源逐步数字化，为这些资源建立稳定可靠的计算机运作平台，实现方便准确的信息检索。在数字化资源极大丰富、计算机信息技术日益成熟的今天，人们又面临着另外一个重要问题，即如何把由不同人员、在不同时间、用不同技术开发的不同内容和不同形式的数字信息资源整合起来，向读者提供最大便利。

这个问题在我们使用数字资源的各个层面都会遇到，纵观现在开发出来的数字资源，它们中的大部分在独立使用时效果很好，但在整合使用时却不太理想，读者往往要经过许多步骤，才能找到自己所需资料。解决这一问题的主要途径是建立集成化检索系统。而如果数字信息资源在描述与处理中能够遵守一定的标准与协议，将会大大方便集成化信息检索与服务系统的建立。由此可见，为了实现信息资源一体化，我们必须制定与遵守相关的标准和协议，用统一的标准方法屏蔽不同文件系统的不同文件命名原则等。国家科学数字图书馆项目管理中心于2002年4月提出了非常详细的"数字图书馆建设的标准规范体系"。从总体上看，数字信息资源建设涉及的标准规范范围广泛，可分为内容创建、描述、组织、管理、服务、长期保存和项目建设等。

（一）数字内容创建的标准规范

数字内容的创建规范主要包括内容编码、数据格式与内容标识。

1. 内容编码

内容编码是数据内容的计算机编码形式和标记形式，是制约数字信息可使用性和可持续性的最基本条件。数字图书馆通常要求数字资源在编码层次上应遵循基本的编码标准，从而为符合标准的数字资源进行数据交换奠定良好的基础。

（1）基本编码标准

全球网络一体化趋势使图书馆必然要求拥有一个各馆能共同识别与处理的文字符号系统，该系统应能进行多文种的统一处理和多文种字符的混合交互使用，且编码应统一，以确保图书馆的文献信息与其他领域信息顺利接轨。这个能共同识别与处理的文字符号系统就是 ISO/IECI0464《信息技术——通用多八位编码字符集（UCS）》。这一国际标准是在国际化标准组织（ISO）引导下，由国际计算机界、语言文字界的专家经过10年共同攻关的成果，它充分反映出图书馆界在进行信息处理过程中对文字符号的复杂需求。ISO/IEC10646的适用范围是：世界上各种语言的书面形式以及附加符号的表示、传输、交换、处理、存储、输入及呈现（presentation）。CJK 表意文字统一编码区由我国参与完成。我国于1995年11月制定了一个字符集：

汉字扩展内码规范（GBK），该规范将 ISO/IEC10646 的 20902 个 CJK 汉字全部收入。ISO/IEC10646 的商品化以及自身的进一步完善发展促进了基本编码标准的推广。

（2）特殊信息编码

特殊信息编码是涉及数学符号和公式、化学符号、矢量信息、地理坐标等的编码。例如化学标记语言（Chemical Markup Language，简称 CML）和适用于化学文献的置标语言标准；地理标识语言（Geography Markup Language，简称 GML）能够表示地理空间对象的空间数据和非空间属性数据，是 XML 在地理空间信息领域的应用。利用 GML 可以存储和发布各种特征的地理信息，并控制地理信息在浏览器中的显示。类似的还有数学置标语言（MML）、可扩展矢量图形文件格式（SVG）等。

2. 数据格式

在创建数据时，要为数据选择一个合理的数据格式，不同的描述对象要求有不同的数据格式描述标准。

（1）文本格式

文本数据的保存格式一般采用两种：文本文件或图像文件。文本文件的描述体系最好采用 HTML、XML、TXT 等易于移植、易于传递的开放式描述格式，其中 XML 格式的定义必须是经过验证的 XML DTD 或 XML Schema。当然也有大量专门格式存在，如 DOC、RTF 等 Word 格式。此外，某些特殊领域有着自己的描述格式，如数学和工程计算领域的 TEX/LATEX 格式。不过现在各数字图书馆往往采用自己定义的数据格式，如中国期刊网数据库使用的是独有的 CAJ 文件格式，它必须用专用的 CAJ 浏览器进行浏览。而超星数字图书馆采用了 PDG 格式，这也是一种类似图像格式的特殊格式，真实再现性强，但是不可以截取文本，且要用超星浏览器才能打开。纵观其他数字图书馆，几乎都存在这种情况。其根本原因在于各类电子资源开发商都有各自的版权，为了收回制作单位的开发成本及保护版权而不得不采取这样的措施。在 HTML 作为基本网络语言流行于网络时，资源制作单位无法加入版权信息及控制资源盗用，因此只能采取本地化手段，由此导致浏览器种类不断增加，不方便用户使用。但当 XML 出现后，这种现状在很大程度上得到改善。如前所述，数字资源是用元数据加以描述的，用 HTML 只能显示固定资料，而 XML 则能利用不同 Tag 做不同处理，从而充分发挥元数据的优势。例如，都柏林核心元数据（DC）的 15 个元素分别从资源内容、知识产权、外部属性三个方面对信息资源进行了描述，同时以 XML 作为描述语法，为知识产权问题的解决做出了重大贡献。但是在目前，重复制作情况较严重，同一个电子资源可能存在多种数字版本，其内容一致，而形式不同，导致人力、物力资源的很大浪费。因此，未来的发展趋势是资源制作部门在解决版权问题的前提下，应将重点转移到资源内容制作水平和质量的提高上来。

（2）图像格式

图像数据可以采用 JPEG、TIFF、GIF 或 PDF 格式保存。多数描述体系都要求用 TIFF 格式，它是一种非失真的压缩格式（最高压缩比为 2～3），能保持原有图像的颜色及层次，但占用空间很大。而用于网上浏览的图像数据则可采用 JPEG 格式，这是一种失真式的图像压缩格式，将图像压缩在很小的存储空间中，压缩比率通常在 10∶1～40∶1 之间。在图像压缩的过程中，重复数据或不重要的资料会丢失，因此可能导致失真情况的出现。但因为占用空间小，故很适合互联网，以减少图像的传输时间。对于预览的图像数据，可采用 GIF 格式。该格式在压缩过程中，像素资料不会丢失，丢失的是图像色彩，因而它被普遍用来显示简单图形及字体，且正好符合了预览格式的要求。线图图像（Line Drawings）可采用 PCX 格式，此文件格式比较简单，因此特别适合索引和线图图像。

（3）视频格式

视频分为视频和视频流（流媒体），也就是网上下载后观看和在线观看。这些格式有：AVI、MPEG-1、MPEG-2、MPEG-4、DIVX、MOV、Real Video 和 ASF 格式。AVI 是 Audio Video Interleave 的缩写，其兼容性好，调用方便，图像质量高，但容量较大。MPEG 是运动图像专家组（Moving Picture Experts Group），现在这个家族已经有了许多成员，如 MPEG-1、MPEG-2、MPEG-4、MPEG-7 和 MPEG-21 等。MPEG-1 早已被用于 VCD 资源的制作；MPEG-2 则应用在 DVD 的制作（压缩）和 HDTV（高清晰电视广播）方面；MPEG-4 则属于流媒体格式，可供网上观看。DIVX 视频编码技术则具有同 DVD 差不多的视频质量，适于保存。MOV 是 Apple（苹果）公司创立的一种视频格式，它无论是在本地播放，还是作为视频流格式在网上传播，都不失为一种优良的视频编码格式。Real Video（RA、RAM、RM）格式是视频流技术的始创者，它的特点是能够在同样的播放比特率下提供更小的文件，因此适合在窄带上传输。微软将高级流媒体（Advanced Stream Format，简称 ASF）定义为同步媒体的统一容器文件格式，其最大优点就是体积小，因此适合网络传输。

（4）音频格式

音频格式比较复杂，有十多种，适合数字图书馆使用的有：WMA，提高了高压缩率，可以流畅地在仅仅 20KBitrate 的流量下提供可听的音质，利于在线收听；MP3（MPEG layer），它是流行最广的音频格式，所有的播放器均支持，加上 Lame，配合 VBR（动态比特率）和 ABR（平均比特率）编码出来的音乐音质、音色纯厚，空间宽广，低音清晰，细节表现良好，音质几乎可以与 CD 音频相媲美，且文件体积非常小；MP3PRO 是基于传统 MP3 编码技术的一种改良，MP3PRO 在较高比特率下（250kbps 左右）超过了 MP3，音质更优秀，适合保存高、真音质文件，而且体积不大，但其无法编码48khz采样率的乐曲，所以选用时务必慎重，而且此格式无法保存纯语音（因为纯语音往往仅有16kbps）；WAV是未经压缩的格式，用于保存高音质文件最为理想。

（5）矢量图形格式

矢量图形文件是在计算机上借助数学方法生成、处理和显示的图形，是计算机图形存储的两种方式之一。它可反映物体的局部特性，是真实物体的模型化。现在一般使用可升级矢量图形（scalable vector graphics，简称SVG），这是一种使用XML来描述二维图像的语言。它建立于纯文字格式的XML之上，直接继承了XML的特性，可简化异质系统间的信息交流，方便数据库的存取，而且能直接利用浏览器已有的技术，如CSS、DOM等。更重要的是，它由W3C制定，具有标准上的权威性。矢量可标记语言（Vector Markup Language，简称VML）是一个基于XML交换、编辑和传送的格式，由Microsoft公司为矢量图形在网上的发展而推出。这两个格式具有各自的优势，SVG是W3C制定的网络标准，不受单一的公司控制，具有稳定性、标准性，而VML则受益于Microsoft公司的大力推广，技术上有不少可取之处。

3. 内容标识

内容标识方面的标准与规范主要涉及数字对象唯一标识符，这些数字对象可能是单个文件，如数字图像（扫描或原生的），也可能是集合体，如由多个文本、图像、音频、视频等数据对象组成的多媒体数据集合等。一般情况下，描述体系没有规定具体的标识符结构，只是对数字对象标识的原则予以规定。也就是说，数字对象命名所采用的命名体系规则应是公开和明确界定的，命名体系应遵从IEFT/URL体系，尽量采取标准或通用的标识符命名体系。作为数字资源集合，则需要考虑多个唯一标识符系统的互操作。

（二）关于数字对象描述（元数据）的标准规范

元数据作为描述数字对象的数据，是所有数字对象信息资源建设项目的重要基础和数字图书馆建设的关键。它决定了不同格式、不同性质的信息资源能否实现世界范围的共享。

由于数字图书馆中的资源类型多种多样，单一元数据标准不能满足描述各种数字资源的需要，从而出现适用于不同资源或适用于不同组织的元数据标准。最为典型的是美国，其各个领域都存在各自的元数据格式，例如TEI、GILS、FGDC/CSDGM、EAD、VRA、IEEELOM等。在实际应用中，还需要除描述性元数据以外的元数据类型，它们是结构性元数据和管理型元数据。这样就需要规定描述数字对象的原则和基本方法，或者在具体范围内实际应用的元数据。

（三）数字资源组织描述的标准规范

前面主要讲的是单个数字对象的元数据描述。但数据对象可能按照一定的主题、资源类型、用户范围、生成过程、使用管理范围等因素被组织在一起，形成实际使用的资源集合，因而，对这些资源集合进行描述是很有必要的。

数字资源的组织描述有一定层次。

第一层可对资源集合本身进行描述，形成一个关于资源集合的元数据记录。

第二层对资源集合的组织机制进行描述，组织机制形式多样，或是简单的类别组合，或是复杂的知识组织系统，如分类法、主题词表、站点地图等。这个层次的描述也是元数据，有利于资源集合的检索和集成。

第三层可对资源集合的管理机制进行描述，例如对资源选择标准、资源使用政策、知识产权管理政策、隐私保护政策、资源长期保存政策等及其实施机制的描述。这些描述对用户发现、选择和利用相应的资源集合是很有利的。

第四层可以对资源组织建设的过程、原则、方法及相应的标准规范进行描述，形成资源建设规范，指导资源建设。

目前规范化工作较为成熟的是资源集合本身的描述，建立规范的资源集合描述元数据是大型资源建设体系的一个基本要求。例如，美国国家科学数字图书馆（NSDL）规定，任何一个参加 NSDL 的资源项目应采用 DC 来描述自己的集合，并将该 DC 记录提交 NSDL 的元数据库供公共检索。关于资源集合的组织机制和管理机制的规范描述是一个新的领域，正在借鉴 W3C、电子商务和其他领域的经验，开始考虑和实验相应的标准。关于资源组织过程的指导性规范已经得到越来越多数字图书馆建设项目的重视，而且逐步扩大到资源建设的整个生命周期，包括资源选择、描述、组织、服务、知识产权保护、资源长期保护等技术、政策、流程和管理问题。

（四）数字资源系统服务的标准规范

任何数字资源的价值都体现为它对用户的服务。随着网络化的发展，信息服务已经不再局限于本地服务，但它的技术因素和管理机制成为制约其实际开展和被有效利用的关键因素之一。人们开始利用标准规范来约束数字资源系统的服务机制，以保障系统服务在网络空间的可使用性和系统之间的互操作性。

数据信息系统服务的规范有很多，大致分为五个层次：

1. 接入条件规范

用户接入条件的规范属于计算机信息网络服务的范围，例如资源要求都应支持 HTTP 协议和 HTML 语言在通用浏览器存储等。

2. 数据传输条件规范

数据传输条件规范主要涉及所传输的数据内容是否能用标准语言和格式封装，

封装后的数据文件是否通过标准网络协议传输，所传输的数据文件是否能被通用浏览器解读。文本数据内容一般采取 HTML、XHTML、XML 方式封装，对于其他的格式数据，可以采用 TIFF、JPEG、MPEG、WAV 等，封装后的文件采用 HTTP 或 FTP 等标准协议传递。实际上，图书馆界也在开发基于 XML 和 HTTP 协议的元数据交换机制，例如美国国会图书馆的元数据编码和传输标准（Metadata Encoding & Transmission Standard，简称 METS）模型是对一个数字图书馆里的描述性、管理性和结构性元数据进行编码的标准，采用 XML 标准，并被包含在国会图书馆的网络发展和 MARC 标准中。

3. 数据检索条件规范

检索对于数字图书馆的服务效果至关重要，现在一般使用搜索引擎作为检索工具，也就是基于 HTTP/HTML 的检索机制，但是这种检索机制在支持异构系统的丰富检索功能和分布系统的集成检索方面受到较大制约，因此，分布式检索机制和异构系统检索机制是检索的主流。为了解决分布式检索的问题，图书馆大多采用了 Z39.50 标准。Z39.50 是关于信息检索的 ANSI/NISO 标准，是基于 ISO 的 OSI 参考模型的应用层协议。

4. 数据应用条件的标准规范

数据应用条件的标准规范解决的是用户检索结果的使用问题。标准数据格式在一定程度上可以解决这个问题，但许多数据内容（如 GIS 数据、计算数据、统计数据、虚拟现实数据等），由于其内在的结构问题，需要一定的软件支持，如一些浏览器插件等，即表现在用户打开检索结果时需要下载特定的插件，给使用带来了很大的不便。研究人员正在研究支持通用用户系统的通用浏览器，其原理包括建立共享插件登记系统和在元数据中描述所需系统软件及其链接信息，用户可以靠升级个人浏览器，按链接信息下载相关插件来支持不同数据内容的读取，但现在还没有一个成熟的解决方案。W3C 等机构正探索用 XML 开放标记语言来描述这些复杂的数据内容，例如可扩展矢量图形文件格式（SVG）、同步多媒体集成语言（SMIL）、语音合成标记语言（SSML）和虚拟现实标记语言（VRML）等，通过这些技术，用户可以实现对复杂数据内容的处理，实现检索条件的多样化和检索结果的多层次性。

5. 分布式数字对象机制的标准规范

分布式管理意味着全球数字图书馆遵循统一的访问协议之后，数字图书馆可以实现"联邦检索"，全球数字图书馆将像现在连接各网站一样，把全球的数字化资源链接成为一个巨大的图书馆。分布式管理之所以是数字图书馆的基本要素，在于它强调标准协议的重要性。只有全球共同遵循 TCP/IP 协议，才有互联网的今天，数字图书馆技术还没有这样一个公认的标准协议，因此技术标准的选择和制定对每一个数字图书馆先驱者来说都是至关重要的。标准规范的制定正走向网络服务方式，利用 XML 对数字信息系统进行规范描述，利用登记系统实现这些描述信息的公共登记和开放搜寻，通过开放协议支持基于规范描述的信息系统调用、配置和利用。正在建立的这方面的标准规范包括网络服务定义语言（WSDL）、网络服务流语言（WSFL）、统一描述、发现和集成协议（UDDI）等。"开放数字图书馆"的概念已经深入人心，许多图书馆都可以通过网络服务机制屏蔽分布式图书馆之间的区别，方便地实现不同图书馆之间信息的互通，保障资源的共享。

（五）关于数字资源长期保护的标准规范

国际上已经有了一些成型的数字资源长期保存规范，例如开放档案信息系统参考模型（OAIS），它是由美国国家宇航局（NASA）的空间数据系统咨询委员会（Consultative Committee for Space Data Systems，简称 CCSDS）推出的一个项目。OAIS 参考模型是致力于长期保护和维护数字信息可存取档案系统的一个基本概念框架，受到了对长期数字信息保护有兴趣的不同机构团体的欢迎。图书馆界许多项目，如 CEDARS、PANDORA 和 NEDLIB，已经在数字保护方面采纳了 OAIS 模型。OAIS 参考模型目前是国际标准化组织（ISO）的一个标准草案，并期望在将来成为发展完善的标准。按照目前的发展趋势，OAIS 在迎接数字信息的保护挑战中扮演重要的角色是完全可能的。

综上所述，经过多方努力，国内外已经形成了许多关于数字图书馆建设与服务的标准与规范，但已出现的标准尚需完善，某些领域还急盼标准出台。

第三节 元数据与资源描述框架

一、元数据

（一）元数据的定义

元数据指英文的 Metadata，即 Data about data。迄今为止，元数据像图书馆其他元概念一样，没有一个权威的定义，在这里仅列举几种：

ISO15489 中对元数据的定义是：元数据是描述文件的背景、内容、结构及其整个管理过程的数据。

国际档案理事会《电子文件管理指南（1997）》中指出："元数据是关于文件的背景信息和结构的数据。"

澳大利亚《联邦机构电子文件管理元数据标准（1999）》对元数据的定义为："元数据是关于电子文件背景信息的著录信息。"

英国国家档案馆《电子文件管理指南（1999）》中所给出的定义："元数据是单份电子文件和文件组合的背景及其相互关系的结构化著录数据。"

从以上各种表述可以看出，各种定义对元数据的外延界定有宽有窄，人们通常认为，元数据是"关于数据的数据"或"关于数据的结构化数据"，也就是说，元数据是描述数据的数据。目前，图书馆界主要从两个角度来定义元数据：一个角度是强调其结构化，即元数据是提供关于信息资源或数据的一种结构化数据，是对信息资源的结构化描述；另一个角度是突出其功能，即在于描述信息资源或数据本身的特征和属性，从而有利于数据之间的交流和共享。

元数据是一个三层结构体，包括语义、句法和内容标准。语义定义了元素的含义，如果两个元数据集当中对应的两个元素含义相同，就可以形成映射，所以明确的语义定义是实现不同元数据互换的基础；句法是指句子的结构方式以及支配句子结构的规则，其实就是元数据的语法表示格式；内容标准包括数据元素的格式标准和值标准，就是元数据格式的标准化问题，如日期标准化、分类采取什么样的标准等问题。通过这三层结构的设计模式，保证了不同元数据格式之间的交流和理解，使得构建在此基础上的信息资源数据实现了资源的有效整合，进而才能实现资源的共享，有利于检索及提高信息检索的查准率和查全率。

（二）元数据的分类

1. 依功能分

（1）描述性元数据：描述性元数据用于揭示和描述一个对象，例如MARC和都柏林核心数据集就属于这类元数据。它有助于帮助用户在搜索信息的过程中发现信息并确定其存放位置，然后确定是不是自身所需信息。

（2）结构性元数据：将资源的各个部分连接起来成为一个整体信息，用于程序里可产生一个资源的显示界面。如它可以将统计信息以图形的方式显示出来，还可以支持在资源内部各个部分间浏览的信息，例如翻动书页，跳到某一页或者某一章，在图像和文本间切换等。

（3）管理性元数据：描述数字对象的管理信息，如制作日期、资料格式、版权信息等。

2. 依资源类型分

（1）通用描述元数据：通用描述元数据可以一般化地描述所有数据资料，如MARC、DC、GILS等。

（2）文字档案元数据：文字档案元数据用于描述文字档案资料，如TEI。

（3）数据资料元数据：这类元数据擅长描述数据资料。

（4）音乐元数据：标准音乐描述语言（SMDL）。

（5）图像与物件元数据：如艺术品描述类目（CDWA）、博物馆信息计算机交换标准框架（CIMI）、视觉资料核心类目（VRA Core Categories）、博物馆教育站点通行证数据字典（MESL Data Dictionary）。

（6）地理资料元数据：数字化地理元数据。

（7）档案保存元数据：EAD档案编码描述格式、获取电子收藏的Z39.50文档。

3. 依结构化和复杂程度分

（1）未结构化元数据：未使用标准建立的索引，如搜索引擎根据网页HTML的标题中的标签建立的索引。

（2）相当结构化，但不复杂的元数据：可提供足够的资源描述信息。

（3）相当结构化且复杂的元数据：提供详细的资源描述信息，如MARC、EAD、CIMI等。

二、都柏林核心元数据

都柏林核心元数据，全称为都柏林核心元数据集（Dublin Core Metadata Set），简称DC，是当前世界上使用最广泛的元数据方案。目前，DC已被翻译成20多种语言，研究及采纳DC的各种项目已遍及美洲、欧洲、大洋洲、亚洲等地。DC的官方网站上有都柏林元数据的发展历程、最新进展、都柏林核心元数据创始计划（Dublin Core Metadata Initiative，简称DCMI）的介绍以及关于DC的各种会议通知等。1998年9月，互联网工程特别任务小组（IETF）正式接受了DC这一网络信息资源的描述方式，将其作为一个正式标准予以发布，即RFC2413。2003年4月8日，DC被批准为国际标准ISO15836。

（一）DC发展概况

都柏林核心元数据产生于1995年3月，但在1994年第二届Warwick（英国）会议中，OCLC（联机计算机图书馆中心）就提出需要一套共同协定的语法来描述并协助获取网络资源，所以DC的制定也是图书馆界工作者大力呼吁的结果。1995年3月，在美国俄亥俄州的都柏林召开了第一届DC研讨会，由OCLC和NCSA（美国超级计算应用中心）主持，共有来自52个不同领域的专家学者参与，包括图书馆馆员、学者、网络标准制定者、Z39.50专家、SGML专家等，共同讨论网络电子资源的标注应该包含哪些项目，此次会议的最终结果是产生了一个包含13个元素的DC元素集。此后，都柏林核心元数据的深入应用又促使了多次会议的召开，迄今为止，已达12

届。在1996年9月的第三次研讨会上，DC元数据将处理对象进一步扩充到图像资源，并且为了能对图像资源进行充分著录，新增了两个著录项，同时更改了部分著录项的名称，总共产生了15个著录项。1997年10月在芬兰赫尔辛基举行的第五次系列研讨会上，又进一步明确了DC元数据格式的主要功能应侧重信息资源的著录或描述，而不是信息资源的评介。所以将15个元素依据其所描述内容的类别和范围分为三组：对资源内容的描述、对知识产权的描述和对外部属性的描述。至此，DC的整个结构终于基本成型。

(二)DC的15个核心元素

1996年，在都柏林召开的DC-3上，最终制定了DC元数据的15个核心元素。这15个核心元素就如同书目记录中的标记信息，但又比MARC更简练、更易于理解和扩展。这些优点使DC很容易与其他元数据形式进行交换，这也是它能成为标准的原因之一。当然，这15个元素是可选择、可重复和可扩展的。在DC-5上所做的报告中，将这15个元素依据其所描述内容的类别和范围分为三组。

资源内容描述类元素：题名、主题、描述、来源、语言、关联、覆盖范围。

知识产权描述类元素：创作者、出版社、其他参与者、权限管理。

外部属性描述类元素：日期、类型、格式、标识。

(三)DC的限定词

在实际应用中，DC元数据集中15个基本元素的描述能力有限，因而必须加以限定和进行若干子元素的规范描述。为了保证具有较好的操作性，在进行限定子元素规范的时候不能改变元素本身的定义，不能重新对基本元素做出解释，而只能根据自己团体和行业的需要对DC元素进行限定和规范。

在第四次DC元数据研讨会即DC-4上，确定了DC限定词（堪培拉限定词），包括如下三种：模式体系（schema）、语种描述（language）和属性类型（type）。

随着对DC核心元数据集的不断探索，人们对限定词的理解也越来越清晰，并依限定的情况将限定词的类型分成两种：一种是元素精确定义型限定词。此类限定词用于使一个元素的意义变得更明确或更具体。加了限定词后，元素的意义并没有改变，只是更加具体了。值得注意的是，当一个用于解析元数据的解析器无法解析特定的元素限定词时，就可以忽略该限定词，并且正确解析出元数据的原意。另一种是编码模式限定词，这些限定词从制定标准的角度对DC非限定词的值进行限定，也就是说，这些值必须从限定词给出的标准中选择，这些标准包括控制词典、标准符号或解析规则等。

(四)DC 的功能

元数据可真正起到网络著录的功能,使资源的管理维护者及使用者通过元数据了解并辨别资源,进而利用和管理资源,为由形式管理转向内容管理奠定了基础。

1. 描述功能

对信息对象的内容和位置进行描述是都柏林核心元数据最基本的功能,它为信息对象的存取和利用奠定了必要的基础。

2. 识别功能

DC 中有许多用于识别被检索的特定信息资源和区别相似信息资源的元素,如日期、类型、格式和识别符。日期提供能识别版本的信息,格式则提供资源的媒体形式或尺寸,对于资源解释很有意义。

3. 资源定位

网络资源是没有实体存在的,标识元素就准确地指明了资源的位置,标识元素包括统一资源标识符、数字对象标识符和国际标准书号,由此可以确定资源在网络上的位置所在,促进了网络环境中数字对象的发现和检索,超越了时间和空间的限制。

4. 资源检索

DC 的设计目的就是方便网络上所有资源的检索,其 15 个元素的制定就是为了成为用户查找资源的检索点,为搜索引擎的网络机器人提供了识别资源的线索。DC 扩展了 META 标签的描述能力,搜索引擎可以对资源进行更加深入的了解:一是提高了用户查找的准确率;二是扩展了检索点,搜索引擎可以提供更多的检索入口。以百度为例,它提供了新闻、网页、贴吧、MP3、图片、网站六个检索入口,用户可以根据检索词所属范围进行检索,而且每个检索入口下有更详细的分类,如"图片"入口又分"图片""新闻图片""彩信图片",这样逐级将用户的检索范围缩小,对于提高检索效率是极为有利的。

5. 资源替代

由于 DC 对资源对象的详尽描述,特别是"描述"元素对资源所做的简明扼要的介绍对原文有一定的替代作用,可以满足一部分并不需要获取原资料,仅搜集相关情报用户的需要,用户可以根据这些情报对资源进行相关的选择。

6. 资源评价

DC 提供了资源对象的名称、内容、年代、格式、制作者等基本信息,用户不必浏览资源本身,就能够对资源对象有个基本的了解和认识,参考有关标准,即可对其价值进行必要的评估作为存取和利用的参考。

总之,都柏林核心元数据集以其精练的元素描述和不断扩展的能力得到业界的认可,并逐渐成为标准。展望未来 DC 的发展,DC 要面对的是如何更加准确地描述资源，如何与搜索引擎结合；DC 要得到发展，必须得到更多行业的认可，从而获得一个广阔的发展空间，同时也要不断吸收其他元数据的长处，不断改进。

（五）DC 与 MARC 元数据之间的映射

目前，随着 DC 数据元素描述细节的日渐完善，一个 DC 元素可能对应几个 MARC 字段，如"合作者或其他创作者"元素可能包含人名、机构名或会议名，有些 DC 元素在现行的 MARC 格式中可能找不到对应字段，也就是说，在某些方面，DC 已经超越了 MARC，但这一切并不能改变这样一个事实：在 DC 中，许多有用的信息都能相应地在 MARC 中找到描述的方式。DC 与不同的 MARC 在类目（字段）的定义和设置上不同，但它们在主要内容上比较一致，可以相互转换，有学者总结了不含限定词的 DC 与 MARC21 对照的基本情况。

三、资源描述框架（RDF）

数字图书馆中可以利用的元数据种类与格式很多，解决不同元数据互操作问题的一个有效方法就是建立一个标准的资源描述框架。资源描述框架（Resource Description Framework，简称 RDF）是 XML 的一项最重要的应用，对于数字图书馆的开发具有重大意义。RDF 使数字图书馆具有更佳的搜索引擎功能，在数字图书馆的网络导航中将发挥巨大作用；RDF 可以描述内容与内容之间的关系，可针对数字图书馆进行描述，易于实现知识的共享与交换；RDF 还可以使内容按儿童不宜与隐私保护等分级，可将逻辑形式独立概念的文档描述为互联网页面集，并可说明网页的知识产权。这些功能极大地方便了数字图书馆的管理、维护和使用，特别是对网上知识产权的保护起到了积极作用。

要把 RDF 的原理阐述清楚，首先必须着眼于元数据、DC、RDF 以及 XML 之间不可分割的关系。数字图书馆信息资源组织的核心内容就是充分利用这些工具，组织各种数字资源，从而更好地服务大众。

（一）定义

RDF 是一个使用 XML 语法来表示的简单元数据方案，用它来描述网络资源的特性及资源与资源之间的关系。RDF 的主要目的是为元数据在网络上的各种应用提供一个基础结构，使应用程序之间能够在网络上交换元数据，以促进网络资源的自动化处理。

（二）组织结构

RDF 的组织结构有多种说法，三元组结构是对其最科学的描述。还有一种说法是：资源（resource）、属性（properties）、属性值（properties values）。实际上，这两种说法是一致的。

（三）特点

1. 易于控制

RDF 使用简单易懂的资源、属性、属性值三元组模式，易于控制。如果用来描述元数据格式的语法太复杂，必将大大降低元数据的使用率，从而最终无法得到元数据描述规范的认可。

2. 扩展性、开放性

在使用 RDF 描述资源的时候，词汇集和资源描述是分开的，所以很容易扩展。RDF 允许任何人定义自己的词汇集，可以无缝使用多种词汇集来描述资源，从而适应不同形式资源描述的需要，通用性很强。RDF 开放性的一个最重要表现是它可根据用户自身所需，在遵循 RDF 模式规范内，就可以任意选择元数据集和自行定义扩展集。

3. 易于数据共享

RDF 使用 XML 语法，可以便捷地在网络上实现数据交换。另外，资源描述框架定义了描述词汇集的方法，可以在不同词汇集间通过确定元数据命名空间来实现含义理解层次上的数据交换，从而达到数据共享。

4. 易于实现资源的多层次描述

在 RDF 中，资源的属性是资源，属性值可以是资源，关于资源的陈述也可以是资源，都可以用 RDF 来描述。这就如同计算机科学里所倡导的面向对象的程序设计方法有总类和子类，子类也可以有子类，而且各类有各自的属性，从而可以很容易地将多个描述综合，以达到认识、拓展知识的目的。

四、元数据、XML、RDF 的关系

各类资源之间固有的差异性使各类元数据标准彼此间不能兼容，符合某种标准规范的元数据不能被其他规范接受，这就给元数据的发展带来了不利的影响。为此，W3C 提出了 XML，它提供了与供应商无关的、可由用户扩展的、可进行有效性检验的标记语言体系，即提出描述网络资源的语法规范。为了使各类标准的元数据能实现共存共用，W3C 紧接着又发布了一种基于 XML 语法的元数据规范 RDF，目的是为元数据在网络上的各种应用提供一个基础框架，使应用程序之间能够通过网络实现数据的交换和处理。如果把 XML 看成一种标准化的元数据语法规范，那么 RDF 就可以看成一种标准化的元数据语义描述规范。由此可见，XML 定义了 RDF 的表示语法，其作为 RDF 的承载体，方便了 RDF 数据的交换；同时，RDF 仅仅定义了用于描述资源的框架，并没有定义用哪些元数据来描述资源，而是允许任何人定义元数据用于描述资源。由于资源的属性不止一种，例如描述一本书时，往往需要描

述作者、书名、出版日期等信息,一般定义为一个元数据集。在这之中要用到的大部分资源在 RDF 中被称作词汇集(vocabulary),它也是一种资源,可以用资源定位符来进行唯一标识。因此,在用 RDF 描述资源的时候,就可以使用各种不同的词汇集,只需用统一资源标识符指明即可。不同词汇集的使用范围不同,有的词汇集仅被定义它的人使用,有的词汇集比较科学和通俗易懂从而为许多人所接受。而以类似图书馆卡片目录的方式来定义资源的词汇集——都柏林核心词汇集,则因为其很强的科学性而逐渐被大多数资源描述工具所使用,因此 RDF 一般使用都柏林核心词汇集来描述资源。

第六章 数字图书馆信息存储与检索技术

第一节 数据的存储与备份

数字图书馆是建立在大量可读取和利用的数字化信息资源之上的，数字图书馆信息资源众多特征中的三个就是：数据增加迅速，总量达到较大的规模；数据就绪时间延展，图书馆中的数据必须保证每天24小时、每周7天、每年365天处于就绪状态；数据的使用是开放性的，数据的存取只应受到安全机制的管理，而不应该受到地域空间的限制。数字图书馆数据的这些特征对数据存储技术提出了更高的要求，数据资源的存储无论是存储设备，还是存储技术，都要适应数字图书馆发展的需要。

同时，数字图书馆中日益增长的信息量必然要有大量的数据传输、存储和数据交换，这样就有可能产生数据故障；另外，人为操作失误、电脑病毒、硬件故障、断电、网络"黑客"的入侵等原因也会引发数据丢失。数字图书馆中的数据一旦被破坏，将造成难以弥补的巨大损失，因此数据备份对数字图书馆的数据安全保障具有重要意义。

一、数字图书馆的存储设备

目前数字图书馆中应用的存储设备主要有磁盘阵列、磁带库、光盘库等，磁盘阵列、磁带库、光盘库等存储设备因其信息存储特点的不同，应用环境也有较大区别。磁盘阵列主要用于系统中海量数据的即时存取，磁带库更多的是用于系统中海量数据的定期备份，光盘库则主要用于系统中海量数据的访问。

（一）磁盘阵列

数字图书馆信息资源的海量规模对数据的存取速度提出了挑战，在现有的计算机数据存储载体中，硬盘的存取速度是最快的，因此得到了大量的应用。为了进一步提高磁盘设备的存储容量和速度，人们将多个磁盘设备组成并行存储系统，磁盘阵列由此而产生。磁盘阵列 RAID(Redundant Array of Inexpensive Disks，廉价磁盘冗余阵列）是将多个类型、容量、接口一致的专用硬磁盘或普通硬磁盘连成一个阵列，使其能以快速、准确和安全的方式来读写磁盘数据，从而提高数据读取速度和安全性的一种设备。

RAID 由于采用数据分块技术，即在多块磁盘上交叉存放数据，使得多盘可以并行操作，提高了数据传输率与 I/O 请求速率。同时，采用冗余容错技术，在出现磁盘损坏时，能通过数据重建手段来恢复丢失的数据，提高了磁盘阵列的可靠性和可用性。根据各种应用系统的不同需求，人们设计了几种基本的 RAID 结构，基于这几种基本结构，又拓展出一些组合结构，以适应更广泛的需求，从而产生了一系列 RAID 方案，称之为 RAID 级别。RAID5 是目前应用最广泛的 RAID 级别，它将各块独立硬盘进行条带化分割，相同的条带区进行奇偶校验，校验数据平均分布在每块硬盘上，构成阵列的磁盘不再有校验盘与数据盘之分。这种方式很好地保证了阵列的负载平衡，因此具有很好的集合数据传输率。RAID5 结构同样支持多盘的并发读写。RAID5 也具有良好的容灾性能，在单盘发生故障的情况下，可以根据校验数据计算故障盘上的相关数据，更换磁盘后进行数据重建。以 n 块硬盘构建的 RAID5 阵列可以有 n-1 块硬盘的容量，存储空间利用率非常高。

由于磁盘阵列具有容量大、数据传输速率高、数据安全、空间利用率高、功耗小、体积小、成本低和便于维护的特点，它已成为目前数字图书馆存储数据的首选技术。

（二）磁带库

广义的磁带库产品包括自动加载磁带机和磁带库。自动加载磁带机是一个位于单机中的磁带驱动器和自动磁带更换装置。它可以从装有多盘磁带的磁带匣中拾取磁带并放入驱动器中，或执行相反的过程。它可以备份数百 GB 的数据。自动加载磁带机能够支持例行备份过程，自动为每日的备份工作装载新的磁带。图书馆业务管理系统可以使用自动加载磁带机来自动完成备份工作。磁带库是一种可将多台磁带机整合到一个封闭机构中的箱式磁带备份设备。它能够提供同样的基本自动备份和数据恢复功能，但同时具有更先进的技术特点。它的存储容量可达到数百 PB（1PB=100 万 GB），可以实现连续备份，自动搜索磁带，也可以在驱动管理软件控制下实现智能恢复、实时监控和统计，整个数据存储备份过程完全摆脱了人工干预。磁带库不仅数据存储量大得多，而且在备份效率和人工占用方面拥有很强的优势。在网络系统中，磁带库通过 SAN（Storage Area Network，存储局域网络）系统可形成网络存储系统，很容易完成数据存储备份、远程数据访问，或通过磁带镜像技术实现多磁带库备份，无疑是数字图书馆网络应用的良好存储设备。

（三）光盘塔、光盘库和光盘网络镜像服务器

光盘是目前最好的多媒体海量信息存储载体或重要文献资料备份媒体，因为光盘不仅存储容量大，而且成本低、制作简单、体积小、信息保存时间长，因此，光盘普遍用于重要文献资料、视听材料、软件等媒体信息存储，供广大用户重复使用。然而，一张光盘的存储容量毕竟有限，对于海量信息存储的数字图书馆网络系统来讲是远远不够的。要想获得海量信息的网络存取，就必须将保存有大量不同信息的几十张甚至几百张光盘组合起来使用。

光盘塔是由多个小型计算机系统接口的 CD-ROM 驱动器并联而成的，可通过软件来控制某台光驱的读写操作。光盘预先放置在 CD-ROM 驱动器中。受 SCSI 总线 ID 号的限制，光盘塔中的 CD-ROM 驱动器一般以 7 的倍数出现。用户访问光盘塔时，可以直接访问 CD-ROM 驱动器中的光盘，因此光盘塔的访问速度较快。光盘塔可以同时支持几十个到几百个用户的访问信息。光盘库是一种带有自动换盘机构（机械手）的光盘网络共享设备，一般由放置光盘的光盘架、自动换盘机构（机械手）和驱动器三部分组成。光盘库一般配置有 1～12 台驱动器，可以是只读 CD/DVD-ROM 驱动器，也可以是 CD-R/DVD-R 刻录机，或者是 DVD-RAM 驱动器，可容纳 50～600 张光盘。光盘库通过高速 SCSI 端口与网络服务器相连，光盘驱动器通过自身接口与主机交换数据。用户访问光盘库时，自动换盘机构首先将驱动器中的光盘取出并放置到盘架上的指定位置，然后从盘架中取出所需的光盘并送入驱动器中。自动换盘机构（机械手）的换盘时间通常在秒级。光盘库的特点是安装简单，使用方便，并支持几乎所有常见网络操作系统及各种常用通信协议，这种有巨大联机容量的设备非常适用于数字化图书馆系统。

光盘网络镜像服务器是继光盘塔和光盘库之后开发出的一种可在网络上实现光盘信息共享的网络存储设备。光盘网络镜像服务器不仅具有大型光盘库的超大存储容量，还具有与硬盘相同的访问速度，其单位存储成本（分摊到每张光盘上的设备成本）大大低于光盘库和光盘塔。另外，光盘镜像服务器本身没有通用服务器那样复杂的操作系统和硬件连接，只是完成光盘镜像服务器硬盘数据与客户机之间的数据传送，使客户机能以硬盘的访问速度来共享 CD-ROM 光盘上的信息资源。光盘镜像服务器消除了 CD-ROM 驱动器速度上的瓶颈问题，极大地改善了光盘网络共享的性能，可缩短用户的访问时间并提高网络吞吐量，而且管理使用方便，因此光盘网络镜像服务器已开始取代光盘库和光盘塔，逐渐成为光盘网络共享设备中的主流设备。

二、存储技术和架构

（一）直接连接存储（DAS）

直接连接存储（DAS）被定义为直接连接在各种服务器扩展接口下的数据存储架构。它完全以服务器为中心寄生在相应服务器客户端上，其本身是硬件的堆叠，不带有任何存储操作系统，需要通过服务器才能运行。如果客户机访问存储设备上的数据，首先向服务器发出一个请求消息，服务器解析这个请求并给存储设备发送访问消息，存储设备访问数据并发送至服务器的内存，最终由服务器把结果数据传给客户机，服务器起到一种存储转发的作用。在 DAS 中，服务器一般是通过 SCSI 接口与存储外部数据的各种存储设备相连，由于 SCSI 接口设备的最大传输率只能达到 40 Mb/s，这样，当并发用户数增多时，I/O 总线将会成为一个潜在的瓶颈，影响读者的查询速度和服务器的性能，严重情况下，甚至会导致系统的崩溃。由于 SCSI 业界标准规定，连接在同一个 SCSI 总线通道上的硬盘数最多不能超过 15 个，这样就使与服务器连接的 SCSI 接口的磁盘阵列总数受到限制，每一组阵列的存储容量不能无限制地增长。在 DAS 体系结构中，每一个（或组）磁盘阵列与自己的专用服务器连接，使大型数据源的数据不能跨阵列存储，这样就不能有效利用存储空间，势必会造成存储空间的浪费。在这种存储方式下，服务器相对独立并且往往装有多种操作系统，各应用系统下的数据文件须分别存放，数据的存储是分散的，没有统一的管理工具软件，数据管理需第三方软件支持，这就增加了系统管理的难度和维护成本。随着数字图书馆的建设和发展，数据呈几何级增长，当现有的存储设备不能满足需要时，只能不断地增加存储设备和高性能服务器，尽管前期投入低，但后续成本高，使得总体拥有成本（Total Cost of Ownership，TCO）上升。

（二）网络连接存储（NAS）

网络连接存储（NAS）是指将集成的存储系统，如磁盘阵列和磁带设备，直接通过 LAN 接口连入信息通信网络的技术。它使用 TCP/IP 之类的信息通信协议，存储系统在客户机/服务器结构关系中相当于一个服务器。NAS 的典型组成是使用 TCP/IP 协议的以太网文件服务器，数据处理是"文件级"（file level）。一个 NAS 里面包括核心处理器、文件服务管理工具、一个或者多个硬盘驱动器用于数据的存储。NAS 可以应用在任何的网络环境当中。主服务器和客户端可以非常方便地在 NAS 上存取任意格式的文件，包括 SMB 格式（Windows）、NFS 格式（UNIX，Linux）和 CIFS 格式等。NAS 系统可以根据服务器或者客户端计算机发出的指令完成对内在文件的管理。NAS 的特性还包括独立于操作平台，不同类的文件共享，交叉协议用户安全性／许可性较高，浏览器界面的操作／管理方便，不会中断网络的增加和移除服务器。

（三）存储区域网（SAN）

存储区域网是（SAN）以数据存储为中心，采用可伸缩的网络拓扑结构，通过具有高传输速率的光通道的直接连接方式，提供 SAN 内部任意节点之间的多路可选择的"块级"（block level）数据交换，并且将数据存储管理集中在相对独立的存储区域网内。在 SAN 中，存储设备可以共同构成一个存储库，存储设备和服务器都可以很方便地添加到网络中，具有较好的可扩展性。由于存储设备从服务器中分离出来，与服务器形成一个多对多的关系，存储设备上的数据易被其他服务器共享，存储设备之间的数据迁移也变得很容易，且存储设备都集中在一个网络上，节省了管理开销。采用存储区域网，数据的备份、恢复、迁移都通过存储区域网本身来完成，不需要借助服务器和现有的 LAN/WAN，大大减少了现有服务器和网络的工作负载。由于采用具有高带宽的光纤通道，所以整个存储网络具有较高的传输速率，数据访问性能较好。在多种光通道传输协议逐渐走向标准化并且跨平台群集文件系统投入使用后，最终 SAN 在多种操作系统下，将实现最大限度的数据共享和数据优化管理，以及系统的无缝扩充。

（四）三种存储架构的比较分析

1. 软件安装

相比 SAN 和 DAS，NAS 安装简便快捷，即插即用，只需要 10 分钟便可独立安装成功。DAS 则需要初始化 RAID 及调试第三方软件，一般需要两天时间。SAN 相对来说，要做更多的计划，包括光纤通道的规划以及管理软件的选择，安装稍复杂。

2. 文件共享

NAS 提供异构网络环境下的完全跨平台文件共享，支持 Windows、NT、UNIX（Linux）等操作系统。DAS 不能提供跨平台文件共享功能，各系统平台下的文件需分别存储。SAN 结构可以利用多台主机到同一存储设备的连通性来保证实现更有效的数据共享，目前常采用的方法多是通过一台文件服务器的服务来实现共享，文件访问效率高。

3. 存储操作系统

NAS 独立的优化存储操作系统完全不受服务器干预，有效释放带宽，可提高网络整体性能。DAS 无独立的存储操作系统，需相应服务器或客户端支持，容易造成网络瘫痪。

4. 存储数据方式

NAS 采用集中式数据存储模式，将不同系统平台下的文件存储在一台 NAS 设备中，方便网络管理员集中管理大量数据，降低维护成本。DAS 采用分散式数据存储模式，网络管理员需要耗费大量时间在不同服务器下分别管理各自的数据，维护成本增加。

5. 系统管理

NAS 管理相对简单，基于 Web 的 GUI 管理界面使 NAS 设备的管理一目了然。但是 NAS 之间不能进行资源再分配，这样，随着 NAS 数量的增加，其管理的复杂性和费用将增加。在 SAN 上，所有的磁盘和磁带库都可以进行资源再分配，所以，从扩展的角度来看，SAN 更易于管理和投资保护。DAS 管理较复杂，需要第三方软件的支持。由于各系统平台文件系统不同，增容时需对各自系统分别增加数据存储设备及管理软件。

6. 扩充性

SAN 采用光纤通道技术。如果采用 FC-LOOP 形式，每个光纤环路可支持 126 个光纤设备。如果采用 FC-SW（光纤交换）的形式，光纤网络理论上可连接 1600 万个光纤设备。也就是说，可在光纤网络上增加光纤设备，以满足系统的扩展性需要。NAS 可在线增加设备，无须停顿网络，而且与已建立起的网络完全融合，充分保护用户原有投资。相对于 SAN，NAS 的可扩展性虽然较小，但它可以适合中小级别的存储需求。通过 NAS 网关（NAS Gateway），可以组成 SAN 和 NAS 的混合存储网络，最大限度地利用网络化存储。DAS 增加硬盘后重新做 RAID 须宕机，会影响网络服务。

7. 传输效率，占用带宽

NAS 的文件均要通过 TCP/IP 网络进行数据传输，占用网络带宽，当文件访问量过大时，会造成网络堵塞，严重影响数据访问。对于采用 SCSI 协议进行数据传输的 DAS 系统，在传输数据量增大时，存在 I/O 瓶颈。SAN 具有的 100～200Mb/s 的环路带宽提升了主机系统的存储带宽，由于大量的数据存在于高速的 SAN 存储库中，减轻了服务器与客户机之间的通信带宽。

8. 备份和数据恢复

NAS 集成本地备份软件，可实现无服务器备份。采用日志文件系统和检查点设计，全面保护数据，恢复数据准确及时。由于 NAS 运用了双引擎设计理念，即使服务器发生故障，用户仍可进行数据存取。DAS 采用异地备份模式，备份过程比较复杂。DAS 依靠双服务器和相关软件实现双机容错功能，但如果两服务器同时发生故障，用户就不能进行数据存储。SAN 采用本地备份和恢复、网络备份和恢复两种方法对备份和恢复进行集中式管理，将一台到多台磁带设备分配给每个服务器，使用光纤通道协议将数据直接从磁盘设备传递给磁带设备。

9. 总拥有成本

NAS 单台设备的价格高，但选择 NAS 后，以后的投入会很少，降低用户的后续成本，从而使总拥有成本降低。DAS 前期单台设备的价格较便宜，但后续成本会增加，造成总拥有成本升高。SAN 是基于光纤的解决方案，所以初始费用较高。然而从发展的角度来看，无论是 SAN，还是 NAS 技术，都能减少用户的长期投资，降低总体拥有成本，并能提供更好的投资回报。

10. 应用环境

DAS 适用于服务器在地理分布上很分散，通过 NAS 或 SAN 在它们之间进行互连非常困难，以及存储系统必须被直接连接到应用服务器上等情况。NAS 提供文件级的数据访问功能，适合于分布式异构环境下的文件共享以及其他相关的应用。SAN 则针对海量、面向数据块的数据传输，适合于大数据量的多媒体数据存储、数据库应用、数据挖掘等。

三、数据备份技术

（一）本地备份

本地备份是指本地服务器硬盘上的数据直接备份到与服务器直接相连的磁带库（磁带机）或其他存储设备上，而不经过网络。这种方式只能备份本机硬盘的数据，而无法备份网络上其他主机的数据，由于每一台需要备份的主机都需要一台备份设备，因此会造成投资浪费。此外，各服务器只能管理连在本地主机上的存储设备，备份工作难以自动完成，需要大量的人力对系统进行维护。

（二）网络备份

1. 网络备份的原理

网络备份处理的过程：在网络上选择一台服务器作为网络数据备份管理服务器，安装网络数据备份管理服务器端软件，并连接一台大容量存储设备（如磁带库）。在网络中其他需要进行数据备份的服务器上安装备份客户端软件，通过网络将各种数据（包括操作系统、文件系统、在线数据库数据）集中备份到与备份服务器连接的存储设备上。我们称连接磁带库或其他存储设备并提供数据通路的服务器为备份服务器，具有备份要求并送到备份服务器进行备份的端点为备份客户机，备份服务器与备份客户机共同组成一个备份网络。磁带库直接连接到备份服务器上，通过备份软件事先制定好的备份策略实现数据的自动备份。也可通过客户端主机或备份服务器发出指令，备份数据通过网络传输到与备份服务器直接连接的备份设备上。

2.网络备份的特点

在这种模式中,备份任务、备份策略、备份数据由备份服务器统一制定,所有备份任务可自动完成;同时,磁带库由备份服务器管理,减小了管理员的工作强度。但是,网络备份的备份数据要通过网络传输到备份服务器的存储设备上,当备份数据量较大时,会严重占用网络带宽,影响网络服务器的正常应用。如果备份服务器和存储设备是通过 SCSI 电缆相连,那么由于 SCSI 接口带宽有限,容易形成瓶颈,影响备份任务的完成。

(三)基于 SAN 的 LAN-FREE 的备份

1.LAN-FREE 备份的原理

这种备份模式为多台主机共享连接到 SAN 上的存储设备,就好像每台主机都分别与存储设备直接相连。此种备份方式不占用网络带宽,备份数据通过 SAN 直接备份到存储设备上,提高了备份速度。

2.LAN-FREE 备份的特点

这种备份方式提高了系统容量,一条光纤环路最多可以连接 126 个设备,如采用交换机,设备可达百万以上;系统性能较高,数据传输速率可达 100Mb/s 或 200Mb/s,如采用单膜光纤,传输距离最远可达 10 公里;备份结构充分优化,应用网络完全被解放出来,降低了网络冲突。

第二节 数据压缩技术

数字图书馆中的文字、声音、图像等各种媒体信息都是以数字化形式存在的,而数字化的声音、图像以及视频信号的数据量非常大,这些信息如不进行处理,将占用大量的存储空间,在网上传输时占用的信息频道也非常宽。为了保证文本、图像、视频、音频等信息资源的存储和再现速度,实现存储空间的高效利用,必须对它们进行有效的压缩处理。实践证明,对信息数据进行压缩可以明显增大存储量,减小传输时间。例如,$500 \times 512 \times 8$ bit 图片通过电话线以 24 kb/s 速率传送需 15 分钟,若将数据压缩 15 倍,则传送时间降为 1 分钟;未压缩的 NTSC 制数字电视信号码率为 220 Mb/s,若采用压缩比达 200 以上的数据压缩技术,则码率可降到 1 Mb/s 以下。可见,数据压缩编码技术在数字图书馆信息存储交流中具有重要作用,是建设数字图书馆的关键技术之一。

一、数据压缩技术的基础

所谓数据压缩，就是以最少的数码表示信源所发的信号，减少容纳给定消息集合或数据采集集合的信号空间。这里的信号空间即指被压缩对象，包括：

（1）物理空间，如存储器、磁盘、磁带、光盘等数据存储介质。

（2）时间区间，如传输给定消息集合所需要的时间。

（3）电磁频谱区域，如为传输给定消息集合所需要的带宽。

实际上，数据压缩是以一定质量损失为容限，按照某种方法从给定的信源中推出已简化的数据表达式。它通过减少信号空间，如物理体积空间、时间、频谱等量，使信号能安排到给定的信息数据样本集中。

衡量数据压缩技术好坏的指标主要有四个：

（1）压缩比：压缩前后所需的信息存储量之比。

（2）恢复效果：对原始数据原貌的恢复程度。

（3）速度：对数据进行压缩、解压缩的速度。

（4）硬件开销：实现压缩所需的硬件条件。

一种高性能的数据压缩技术，自然压缩比高，恢复效果好，解压速度快，硬件开销小。

数据压缩之所以能实现，是因为人们利用了以下几方面的条件：

首先，信息集中包含冗余信息是数据能够压缩的先决条件。众所周知，计算机内的信息均以二进制形式表示，以一个字节为单位。当某信息集的数据量大于256时，理论上可以判定其中必有冗余，而去掉冗余不会减少信息量，仍可原样恢复数据。如在一份计算机文件中，某些符号比其他符号重复出现的频率高得多，或一些字符总在数据块中某一可预见的位置上出现，那些冗余部分便可在数据编码中除去或减少。

其次，数据中间，尤其是相邻的数据之间常存在着相关性，如图片中常常有色彩均匀的背影，电视信号的相邻两帧之间可能只有少量的变化景物是不同的，声音信号有时具有一定的规律性和周期性等。因此，有可能利用某些变换来尽可能地去掉这些相关性。

最后，人们在欣赏音像节目时，由于人的视觉和听觉的生理特性，耳、目对信号的时间变化和幅度变化的感受能力都有一定的极限。如人眼对影视节目有视觉暂留效应，对低于某一极限的幅度变化无法感知，故可将信号中这部分压缩掉，经过压缩编码的视听信号在复现时仍具有较为满意的主观质量。

二、数据压缩技术原理

随着通信技术和计算机技术的日益发展，适应不同应用领域的数据压缩编码方法不断产生。根据对压缩数据解压缩后是否能准确地恢复压缩前的数据原貌，压缩方法可分成无损压缩和有损压缩。若将这两类方法结合，还可形成混合压缩方法。

（一）无损压缩

无损压缩，也称冗余压缩，冗余压缩法利用数据的统计冗余进行压缩，去掉或减少数据中的冗余，但这些冗余量可以重新插入到数据中，完全恢复原始数据，因而不会产生失真。但这种方法的压缩率受到数据统计冗余度的理论限制，一般为2：1～5：1。这类方法广泛用于文本数据、程序和特殊应用场合的图像数据（如指纹图像、医学图像等）的压缩。由于压缩比的限制，仅使用无损压缩方法不可能解决图像和数字视频的存储和传输问题。无损压缩中经常采用的方法有游程编码、Huffman 编码、算术编码和 LZW 编码等。

（二）有损压缩

有损压缩法，也叫熵压缩法。由于图像或声音的频带宽、信息丰富，而人类视觉和听觉器官对频带中某些频率成分反应不太敏感。有损压缩就是利用这一特点，放弃这部分信息，而换取较高的压缩比。熵压缩法压缩了熵，减少了信息量，因而不可能恢复被压缩数据的原貌，存在一定程度的失真，但是所损失的这部分信息对理解原图像和声音基本没有影响。因此有损压缩被广泛应用于数字化的声音、图像以及动态视频信号的压缩。常用的有损压缩方法有：PCM、预测编码、变换编码、插值和外推等。在新一代的数据压缩方法中，许多都是有损压缩，如矢量量化、子带编码、基于模型的压缩、分形压缩和小波压缩等已经接近成熟，并用于实际的多媒体开发。

（三）混合压缩

混合压缩是被广泛采用的方法，它吸收了各种无损压缩和有损压缩方法的长处，以求在压缩比、压缩效率及保真度之间取得最佳平衡，如静止图像压缩标准 JPEG 和活动图像压缩标准 MPEG 就是采用了混合编码的压缩方法。

三、文本压缩技术

（一）Huffman 编码

这种方法以霍夫曼（D.A.Huffman）在 1952 年发表的《最小冗余代码的构造方法》

为基本理论依据，采用不等长的数据编码。具体来讲，它是根据数据中各字符出现的相对频率进行编码，出现频率高的字符赋以较短的代码，而出现频率低的字符赋以较长的代码，从而保证了文件的大部分字符由较短的编码构成。其编码效率主要取决于需编码的符号出现的频率分布，分布越集中，则压缩比越高。虽然 Huffman 构造出的编码并不是唯一的，但是由于其平均码长并不相同，所以不会影响其效率和数据压缩性能。

Huffman 编码可以利用最简单的静态统计模型方式，即在编码前需要统计待编码信息中所有字符出现的相对频率，然后根据统计信息建立出编码树进行编码。其过程是：将要编码的字符表示成一棵扩充二叉树的叶子结点，每个叶结点指明了该字符出现的相对频率（也称为权）、每个非叶子结点（内结点）也含有一个权，它等于其左右子结点的权之和。这样，对于同一字符集合和同一权集可以构造出若干个不同的扩充二叉树，各扩充二叉树加权路长之和（各叶结点到根结点的路径同各叶结点的权之积的和）也可能不同，其中加权路长之和最小的扩充二叉树即是 Huffman 编码树。编码时，可约定左子结点编号为"1"，右子结点编号为"0"（或相反也可），从根结点到每个字符结点的最短路径上的编号组成的数字编码序列即为该字符的编码。

但是 Huffman 编码在利用静态统计模型方式时，不但继承了静态统计模型方式的所有缺点，还直接导致统计出的字符出现频率并不能完全反映字符在文件中不同局部出现的频率变化情况。所以在构造 Huffman 编码上，提出了另一种构造 Huffman 编码的方式——范式 Huffman 编码。范式 Huffman 编码的基本思路是：并非只有使用二叉树建立的编码才是 Huffman 编码，只要满足以下两个基本条件的，都可称为 Huffman 编码：

（1）是前缀编码。

（2）某一字符编码长度和使用二叉树建立的该字符编码相同的编码。

构造范式 Huffman 编码大致可分为四个步骤。

（1）统计每个要编码符号的频率。

（2）根据这些频率信息求出该符号在传统的 Huffman 编码树中的深度。

（3）分别统计出最大编码长度 × 到 1 的每个长度对应多少个符号，根据此信息从 × 个 0 开始以递增的顺序为每个符号进行编码。

（4）编码输出压缩信息，并保存按频率顺序排列的符号表，保存每组同样长度编码中的最前一个编码以及该组中的编码个数。

由此可以看出，如果使用范式 Huffman 编码，就可以完成脱离任何树结构而进行高速解压缩。在整个压缩过程中，范式 Huffman 编码比传统 Huffman 编码效率要高。

（二）算术编码

算术编码是一种改进的 Huffman 编码，它不是为每个符号产生一个单独的代码，而是整条信息共用一个代码，增加到信息上的每个新符号都递增地修改代码，因而可进一步提高压缩比。算术编码是无损数据压缩效率最高的方法。

算术编码的基本思想是将整段要压缩的数据映射到一段实数半封闭范围［0，1］内的某一区段，即对一串符号直接编码成［0，1］区间上的一个浮点小数。也就是说，算术编码用小数来表示二进制位，并由此接近无损压缩的熵极限。算术编码还可以较为方便地使用静态统计模型方式和自适应模型方式。使用静态统计模型方式可以更好地接近无损压缩的熵极限，但静态统计模型方式却无法适应信息的多样性，同时必须在压缩前对所有字符分布进行统计，要耗费大量时间，而且无法表示出字符在整个文件中局部出现的概率。所以通常情况下并不使用静态统计模型方式，而自适应模型方式却能弥补这一缺陷。所以对于算术编码，通常使用自适应模型方式，根据当前接收的数据不断地更改概率模型以达到更好的压缩效率，当信源信号概率较为接近时，采用算术编码。

算术编码的实现较为复杂，常与其他有损压缩结合使用。

（三）字典压缩模型

在很长的一段时间内，基于概率统计模型的编码占有很重要的地位，直到1977年以色列科学家齐夫（Jacob Ziv）和兰普（Abraham Lempel）发表了《顺序数据压缩的一个通用算法》和《通过可变比率编码的独立序列的压缩》两篇论文后，提出了基于字典模型的 LZ77 算法。1978 年又推出了改进算法 LZ78 算法，他们的研究把无损压缩的研究推向了一个全新的阶段。1984 年，韦尔奇（Terry Welch）对 Lempel 和 Ziv 的算法进行改进得出 LZW（Lempel-Ziv-Welch）算法。

字典模型并不直接计算字符出现的概率，而是使用一本字典。其主要方法是将已经编码过的信息作为原字典，如果需要编码的信息曾经出现过，就会输出该字符串的出现位置及长度，否则就输出一个新的字符串。字典算法可以在对数据统计特性一无所知的前提下，使压缩率接近已知统计特性时所能够达到的压缩率，并且运算快，易于实现。

目前典型的基于字典模型的压缩技术主要有两种：一种是 LZW 编码；另一种是游程编码（RLE）。

1. LZW 编码

LZW 压缩使用字典库查找方案。它读入待压缩的数据，并与一个字典库中的字符串对比，如果有匹配的字符串，则输出该字符串在字典中的索引，否则将字符串插入字典中。LZW 算法可简单描述如下：

(1)初始化字典,使字典中包含所有由单个字符组成的词条。

(2)被压缩数据流中的第一个字符作为前缀串 S 和辅助前缀串 F。

(3)取下一个字符作为后缀字符 C。

(4)如果词条 SC 不在字典中,SC 存入字典。

(5)如果词条 FC 不在字典中且 FC 长度不大于规定长度,则把 FC 存入字典。

(6)如果词条 SC 不在字典中或者 SC 是上次输出前新产生的词条,则转到 7 执行。

(7)SC 放入 S,FC 放入 F 后,转到 8 执行。

(8)输出 S 的编码,把 SC 放入 F、C 放入 S,回到 3 执行。

上述算法中(3)到(8)循环执行,直到被压缩数据流输入完毕。

传统 LZW 算法压缩的原理在于用字典中词条的编码代替被压缩数据中的字符串,因此字典中的词条越长越多,压缩率就越高,所以加大字典的容量可以提高压缩率。但字典的容量受到计算机内存的限制,而且字典也存在被填满的可能,这样,当字典不能再加入新词条后,过老的字典就不能保证高的压缩率。为了解决这个问题,在压缩时必须监视压缩率,当压缩率下降时,要清除匹配概率较小的词条,而保留匹配概率较大的词条,这样在重建字典的同时,又可以提高压缩率。

LZW 编码具有压缩效率高、实现简单的优点,是目前最常用的无损压缩方法之一。许多通用的文件压缩软件如 ARJ、PKZIR、ZOO、LHA 等都采用了这种方法。另外,图形文件中的 GIF 和 TIF 格式文件也是按照这种方法压缩的。

2. 游程编码

游程编码(Run Length Encoding,RLE)是针对一些文本数据的特点所设计的,主要是去除文本中的冗余字符或字节中的冗余位,从而达到减少数据文件所占存储空间的目的。它将数据流中连续出现的字符(称为游程)用单一的记号来表示,如字符串 BBDDDAECCCCC 可压缩为 2B3DAE5C。由于该算法是针对文件的某些特点所设计的,其编码的压缩比不太高,所以应用起来具有一定的局限性。但该方法具有简单直观、编码/解码速度快的优点。因此许多图形和视频文件如 BMP、TIFF 及 AVI 等格式文件的压缩均采用这种方法。为了数据压缩的通用性,一般很少单独采用该方法,主要是与其他编码技术配合使用。

四、多媒体压缩技术

(一)静止图像压缩标准(JPEG)

JPEG(Joint Photographic Experts Group)即"联合照片专家组",是国际标准化组织(ISO)和国际电报电话咨询委员会(CCITT)联合成立的,该组织主要是研究适用于彩色和单色多灰度连续色调静止数据图像的压缩标准。经过数年努力，于1991年3月公布了该标准草案《多灰度静止数据图像的数字压缩编码》，简称JPEG标准。JPEG将压缩算法分为两大类，即基于分差脉冲码调制无损压缩的基本部分和基于离散余弦变换的有损压缩的扩展部分。在无损压缩模式下，图像中的像素值以预测方案进行编码，不会产生失真，但压缩比很小，较保守的压缩比为2：1。在有损压缩模式下，进行图像压缩时，信息虽有损失，但压缩比可以很大，压缩比在20～40倍时，人眼基本看不出失真，JPEG数据压缩技术应用在数字图书馆中，主要是采用有损压缩的扩展部分。

有损压缩的JPEG算法分为四个步骤：

第一步，颜色空间的转换，即把图像中的色彩作为独立的部分进行处理，将数字化后的YUV（亮度和色度）颜色空间转换为适合计算机处理的RGB三基色图像数据。

第二步，离散余弦变换。它对原始图像进行从左到右、从上到下的顺序扫描编码，将原始图像分割成一系列8×8的子块后逐块处理，在这8×8的图像块中，像素值变化一般较为平缓，因而适宜采用游程编码除去冗余部分。

第三步，系数量化。量化的作用是在保证一定质量的前提下，丢弃图像中对视觉效果影响不大的亮度信息，将大部分系数的值变成连续一样的值（大部分是零），从而达到压缩的目的。显然系数量化过程是不可逆的有损压缩，它是造成JPEG压缩信息损失的主要原因。

第四步，编码。首先对8×8像素块中的直流分量采取分差编码，然后对各像素块其余的交流分量采取游程编码，最后将所得到的编码做基于统计特性的熵编码，如Huffman编码。

由上述算法可知，JPEG应用离散余弦变换、量化和熵编码获得帧内编码，在JPEG压缩下，一个YUV像素块通过离散余弦变换生成一个频率矩阵值，然后量化运算产生一个压缩频率值的矩阵，它被进行熵编码后得到最后的压缩比特流，编码比特可以数字存储或传输，然后通过相反的过程解压缩再生像素图像。

JPEG压缩在卫星图片、医疗图片、新闻图片等图像资料保存和传输，在地图、古籍、手稿、书刊文献等资源数字化方面有着广泛的应用，是数字图书馆资源数字化压缩技术的重要手段。

（二）活动图像压缩标准（MPEG）

活动图像专家组（Motion Picture Expert Group，MPEG）是几个国际标准化和工业组织的一个联合小组，该小组的主要目标是为全屏幕活动视频图像提供工业标准。MPEG小组的工作兼顾了JPEG标准和CCITT专家组的H.261标准（电视电话/会议电视的视频通信编码标准)。MPEG 压缩标准是针对运动图像而设计的，它包括 MPEG 视频、MPEG 音频和 MPEG 系统（视音频同步）三个部分。MPEG 压缩算法除了对单幅图像进行与 JPEG 算法类似的编码（帧内编码）外，还利用图像序列之间的相关特性去除帧间图像冗余，即在单位时间内采集并保存第一帧信息，然后就只存储其余帧相对第一帧发生变化的部分，因此大大提高了视频图像的压缩比，在保持较高图像视觉效果的前提下，压缩比可以达到 30～100 倍（新的 MPEG 规范可达 300 倍以上）。MPEG 压缩算法复杂且计算量大，它的实现一般要有专门的编码/解码芯片的硬件支持。MPEG 压缩算法的两项基础技术是：块基运动补偿缩减时间冗余和域基变换压缩缩减空间冗余。运动补偿技术采用纯预测编码和插值预测编码。剩余信号（预测误差）在缩减空间冗余时被进一步压缩。与运动有关的信息包含在 16×16 的块中与空间信息一起进行交换。为获得最大效率，用可变长代码压缩运动信息。到目前为止制定了四个 MPEG 标准，但有影响的主要是 MPEG-1、MPEG-2 和 MPEG-4。

1.MPEG-1

MPEG-1 标准于 1993 年 8 月成为国际标准，主要用于传输 1～1.5Mb/s 数据传输率的数字存储媒体运动图像及其伴音的编码。经过 MPEG-1 标准压缩后，视频数据压缩率为 1/100～1/200，音频压缩率为 1/6.5。MPEG-1 提供每秒 30 帧、分辨率为 352×240 全彩色视频压缩和解压缩的质量，当使用合适的压缩技术时，具有接近家用视频制式（VHS）录像带的质量。MPEG-1 允许超过 70 分钟的高质量视频和音频存储在一张 CD-ROM 盘上。VCD 采用的就是 MPEG-1 的标准，该标准是一个面向家庭电视质量级的视频、音频压缩标准。但 MPEG-1 算法十分复杂，压缩/解压缩费时，CPU 开销较大。

2.MPEG-2

MPEG-2 标准于 1994 年 11 月生效，由一系列不同标准构成。MPEG-2 主要针对高清晰度电视（HDTV）的需要，传输速率为 10Mbps，与 MPEG-1 兼容，适用于 1.5～60Mbps 甚至更高的编码范围。其主要目标是对每秒 30 帧、分辨率为 720×480 的视频信号进行压缩和传输，达到 MPEG-1 播放速度的 4 倍。MPEG-2 解码器支持 MPEG-1 和 MPEG-2 标准，在 30∶1 或更低的压缩比时具有广播级的画面质量及 CD 级声音质量的视频图像。但在实际运用中，出于经济的考虑，在损失一定画面质量的前提下，经常可达到 200∶1 的压缩比。新一代的激光视盘 DVD 就建立在 MPEG-2 的基础上。当前高清晰度电视使用的是 MPEG-2 标准的一个变异，称为 MPEG-2High-144Level。MPEG-2 标准已成为数字图书馆影视资源管理的关键技术。

3.MPEG-4

MPEG-4 标准是超低码率运动图像和语言的压缩标准,它利用非常窄的带宽,利用帧重建的方法来传输速率低于 64Mbps 的实时图像,可应用于桌面视频会议和可视电视领域。相比前两个标准而言,MPEG-4 为多媒体数据压缩提供了一个更为广阔的平台。它更多定义的是一种格式、一种架构,而不是具体的算法。它可以将各种多媒体技术充分吸收进来,包括压缩本身的一些工具、算法,也包括图像合成、语音合成等技术,力图以最少的数据来建立精美的画面,更加注重多媒体系统的交互性和灵活性。为此,MPEG-4 引入了 AV 对象(Audio Visual Objects),使更多的交互操作成为可能。MPEG-4 对 AV 对象的操作主要有以下几种:采用 AV 对象来表示听觉、视觉或者视听组合内容;组合已有的 AV 对象来生成复合的 AV 对象,并由此生成 AV 场景;对 AV 对象的数据灵活地多路合成与同步,以便选择合适的网络来传输这些 AV 对象数据;允许接收端的用户在 AV 场景中对 AV 对象进行交互操作等。

第三节 基于内容的信息检索技术

数字图书馆中的数字化信息不仅包括文本型文献信息,还包括大量的图形、图像以及声音、视频、动画等数字式信息。由于图像、音频、视频等内容具有丰富的信息内涵,基于外部特征和基于文本描述的传统信息检索方法无法揭示和表达多媒体信息的实质内容和语义关系,即便能利用文字对多媒体信息进行描述,也难以充分揭示和描述信息中有代表性的特征,同时会带有很大的主观性。因此,在数字图书馆中,信息检索技术已由单纯基于文本的检索方式向基于内容的检索方式发展。

一、基于内容检索技术的特点

基于内容特征的检索是对媒体对象的内容及上下文语义环境所进行的检索,如图像中的颜色、纹理、形状,视频中的镜头、场景、镜头的运动,声音中的音高、响度、音色等。基于内容的检索突破了传统的基于文本检索技术的局限,既能对以文本信息为代表的离散媒体进行检索,也能对以图像、声音为代表的连续媒体的内容进行检索。

与传统的信息检索相比,基于内容的检索具有如下特点:

(一)直接从内容中提取信息线索

基于内容的检索突破了传统的基于关键词检索的局限,直接对文本、图像、视频、音频内容进行分析，从中抽取具有代表性的特征，然后利用这些内容特征建立索引并进行检索。

（二）相似性检索

与常规检索中的精确匹配方法不同，基于内容的检索采用一种近似匹配（或局部匹配）的方法和技术，逐步求精，每次的中间结果是一个集合，不断减小集合的范围，直到定位到目标，提高了检索的有效性与合理性。

（三）满足用户多层次的检索要求

基于内容的检索系统通常由媒体库、特征库和知识库组成。媒体库包含多媒体数据，如文本、图像、音频、视频等；特征库包含用户输入的特征和预处理自动提取的内容特征；知识库包含领域知识和通用知识，其中的知识表达可以更换，以适应各种不同领域的应用要求。

（四）大型数据库（集）的快速检索

基于内容的检索系统往往拥有数量巨大、种类繁多的多媒体数据库，能够实现对多媒体信息的快速检索。

（五）示例查询

对一些很难描述的特征进行查询时，用户一般是首先浏览选择系统提供的示例，并以此作为查询条件，然后再通过不断修改示例，最终找到匹配目标。

（六）人机交互

人对于特征比较敏感，但对于大量的对象，一方面难以记住这些特征；另一方面，人工从大量数据中查找目标效率非常低，而这正是计算机的长处。因此，基于内容的检索是一种人与计算机相互配合的检索。

二、图像信息检索

图像检索是对静止图像所进行的检索。基于内容的图像信息检索技术是把图像的可视特征，如颜色、形状、纹理等，作为图像的内容进行匹配、查找。

（一）颜色检索

颜色具有一定的稳定性。在许多情况下，颜色特征是图像最直观、最明显、最有效的特征。例如，在检索海滨景物图像时，指定图像中的主要颜色（如对应天空的蓝色和对应白云的白色）的大致比例后，即可以此为依据检索与该颜色分布类似的图像。

1. 颜色检索方法

对颜色进行检索主要是采用颜色空间直方图方法，其核心思想是在一定的色彩空间中对图像各种颜色出现的频数进行统计。直方图的横轴表示颜色等级，常见的颜色坐标空间有红绿蓝，HSV 颜色空间是孟塞尔彩色空间的简化形式，是一种基于感知的颜色模型。它将彩色信号分为 3 种属性：色调（Hue，H）、饱和度（Saturation，S）、亮度（Value，V）。由于人类不能像计算机显示器那样只使用 HSV 成分感知颜色，因此 HSV 颜色模型更适合人类的视觉习惯。直方图纵轴表示在某一个颜色等级上具有该颜色的像素在整幅图像中所占的比例。色彩直方图能较好地反映图像中各种颜色的频率分布。根据颜色数据进行查询时，数据库中的图像和被查询图像之间的距离可以用加权欧几里得距离表示，采用基于颜色分布的匹配将获得视觉效果更接近被检索实体的查询结果。

由于基于色彩直方图方法没有保留各像素的空间位置信息，为此可以采用基于图像分割的直方图检索方法。一种方法是对图像中所包含的对象的边界进行提取，然后对每个对象所包含的颜色进行直方图统计，以减少图像中不相关信息的干扰。另一种方法是将一幅图像划分为 n×n 个子图像，然后对对应位置的子图像进行比较。采用图像分割的直方图检索方法比整幅图像直方图检索方法的检索精度有较大幅度的提高。

2. 基于颜色的查询方法

基于颜色查询的一种方式是直接示例查询法，即用户给出示例图像，系统通过提取示例图像的颜色特征与图像库中图像的颜色特征进行相似度比较，以得到颜色相似的图像。

另一种查询方式是将图像的颜色主色调作为图像的颜色特征进行相似性匹配，以查找图像库中具有类似主色调的图像。一幅图像的主色调能够反映该图像的基本概貌，因而可作为查询的主要特征。如蓝色主色调往往是和大海和蓝天的图像相关的，如果用户想要查找大海的照片，就可以指定蓝色作为主色调。但主色调仅仅反映了图像的大致情况，由于人眼的分辨率有限，在选择主色调时具有主观性，一种主色调用于颜色检索误差是较大的，在检索匹配的过程中，容易错过用户实际需要，但近似于用户所选择的颜色。将用户所选择的主色调适当扩展到一定范围，使得近似于用户所选择色调的颜色也能参与匹配，可以弥补上述原因造成的漏检。另外，大多数图像可能包含两种以上主色调，如一幅大海和沙滩画面的图像，可能蓝色和黄色在画面中都很抢眼，则两种颜色都可以作为主色调。但这些主色调在图像中所占的比例及重要程度不相同，因而可用不同模糊度和比例的方法组合一个有效的颜色值供检索匹配。

（二）形状检索

形状（Shape）是刻画物体的本质特征之一，很多查询可能并不针对图像的颜色，而是针对图像的形状。对形状分析的基础是图像的边缘提取，图像边缘提取的好坏直接影响到形状的提取质量。一幅封闭的图像具有许多特征，如形状的拐点、重心、偏心率、圆形率、连通性、正切角、面积与周长比、主轴方向、长短轴比等。基于形状的检索更多地用于用户粗略地画出一个轮廓进行检索的情况。用户可以选择某一形状或勾画一幅草图，利用形状特征或匹配主要边界进行检索。基于形状特征的检索方法有以下两种：

（1）针对轮廓线进行的形状特征检索，也就是分割图像进行边缘提取后，得到目标的轮廓线。

（2）直接针对图形寻找合适的矢量特征进行检索。

（三）纹理检索

很多图像在局部区域内可能呈现出不规则性，而在整体上却表现出某种规律性。习惯上把图像中这种局部不规则，而整体有规律的特性，称为纹理。一幅图像的纹理结构是指图像像素灰度级或颜色的某种规律性的变化，而且这种变化是与空间统计相关的。纹理结构反映了图像本身的属性，不同的物体有明显不同的空间特征。虽然图像的纹理特征在局部区域内可能没有规则，但在整体上却往往呈现出一定的规律性，这也正是基于内容检索的一条主要线索。作为图像的一个重要特征，纹理也是基于内容检索的一条主要线索，是图像中一个重要且难以描述的特性。纹理特征主要由纹理的均匀度、对比度和方向的特征量表示，均匀度反映纹理的尺寸，对比度反映纹理的清晰度，方向反映实体是否有规则的方向性，这些特征也是纹理检索的主要依据。纹理检索和纹理分类技术有着密不可分的关系，由于纹理是千差万别的，所以针对不同的应用系统常常需要设计不同的纹理分析方法，分析纹理的方法大致可分为两类：

（1）统计方法

用于分析木纹、沙地、草坪等细致而不规则的物体，并根据关于像素间灰度的统计性质对纹理规定出特征及参数间的关系。

（2）结构方法

适于像布料的印刷图案或砖瓦等一类元素组成的纹理及排列比较规则的图案，然后根据纹理基元及其排列规则来描述纹理的结构及特征、特征与参数间的关系。由于纹理难以描述，因此对纹理的检索都采用示例查询方法。另外，为缩小查找纹理的范围，纹理颜色也作为一个检索特征，通过对纹理颜色的定性描述，把检索空间缩小到某个颜色范围，然后再以示例查询法为基础，调整粗糙度、方向性和对比度三个特征值，逐步逼近要检索的目标。

三、动态视频信息检索

动态视频信息一般用场景、镜头和帧来描述。其中帧对应一幅静态的图像，是视频信息的最小单位；多个帧组成镜头，镜头对应一段视频，它描绘的是同一场景中的连续动作；场景由多个镜头组成，针对同一批对象，不断变换拍摄角度。

基于内容的视频检索首先要构造视频结构，需要对视频信息进行视频分割、视频聚类、关键帧抽取等，同时还要反映出视频的动态特性，如摄像机操作（摇镜头、推拉等）、目标运动（运动方向、运动幅度、运动轨迹等），形成视频信息特征。最后根据用户提交的查询要求，按照一定的特征进行视频检索，将检索结果按相似程度提交给用户。

（一）视频分割

视频分割是将视频数据分割为镜头的过程。镜头是视频数据的基本单元，大部分视频是通过编辑由一个个镜头连接而成的，所以基于内容检索的视频处理首先要把视频自动地分割为镜头，以作为基本的标引单元。镜头切换时，视频数据将发生一系列的变化，表现在颜色差异突然增大、新旧边缘的远离、对象形状的改变和运动的不连续性等各方面。一般而言，同一个镜头内的各帧之间差异较小，而不同镜头的帧间差异较大，当连续两帧间的色彩直方图的差值超过了某一阈值，则说明此两帧不是一个镜头，而是镜头的突变点，可据此进行视频分割。

（二）视频聚类

视频聚类是研究镜头间的关系，也就是如何把内容相近的镜头组合起来。根据聚类目的的不同，视频聚类可以分为两类：一类是把同属一个场景的镜头进行聚类，以形成层次型的视频结构——场景和电影。这种聚类不但要考虑镜头内容上的相似性，还要考虑其时间上的连续性，也就是说，虽然两个镜头内容很接近（特征向量之间的距离很小），但如果它们在时间上相距很远，就不能认为它们属于同一个场景。把镜头聚类为故事单元后，其数量明显减少。例如对于一部典型的连续剧，半小时的节目中约有 300 个镜头，经过聚类后，可形成约 20 个故事单元。另一类是对视频进行分类，它只考虑特征相似性，而不考虑时间连续性。根据镜头的重复程度，一般可分为对话型视频和动作型视频等。对话型视频是指一段实际的对话，或者像对话一样由两个或多个镜头重复交替出现的视频；动作型视频则反映故事的展开，镜头不是固定在一个地点或跟随一个事件，因而很少发生镜头的重复。通过视频聚类可以缩小检索的范围，提高检索的效率。

（三）关键帧抽取

帧是视频序列的最小单位，是单幅的图像。关键帧是用于描述一个镜头的主要图像帧，它反映一个镜头的关键内容。关键帧的选取一方面必须能够反映镜头中的主要事件，因而描述应尽可能准确完全；另一方面为便于管理，数据量应尽量小，且计算不宜太复杂。关键帧的选取方法很多，比较经典的有帧平均法和直方图平均法。帧平均法是从镜头中取所有帧在某个位置上像素值的平均值，然后将镜头中该点位置的像素值最接近平均值的帧作为关键帧；直方图平均法则是将镜头中所有帧的统计直方图取平均，然后选择与该平均直方图最接近的帧作为关键帧。

（四）运动特性抽取

动态特性是视频信息的重要特征，它反映了视频数据的时域变化，而且往往是用户检索时所能给出的主要内容。动态特性包括镜头的运动变化、视频目标的运动轨迹等。运动目标的轨迹描述了目标的运动过程。由于人类和计算机视觉具有抽取独立识别目标的运动信息的能力，因此，可以在不识别目标的情况下，从视频序列中抽取运动信息来分类序列。例如，查询所有具有行人和汽车的视频序列，检索时可以忽略人和汽车，而只追踪运动对象的特定位置和轨迹。

（五）视频检索

完成视频信息内容特征的抽取后，就可以在此基础上进行基于内容的视频检索，即利用关键帧特征或镜头的时间（运动）特征进行相似性测度。基于关键帧的检索方法主要有视频特征关键字查询和示例查询。关键字查询是指用户输入若干个查询主题，如导演、影片名等，要求找出相关视频，处理这种查询是通过查找全局数据库中的注释来实现的；示例查询是根据用户提交的视频例子，在视频特征库的支持下，定义一个相似度模型，然后计算特征向量距离来实现视频检索。基于运动的检索是利用镜头和视频对象的时间空间特征进行检索，它可以查询摄像机的移动操作和场景移动，以及用运动方向和运动幅度等特征来检索运动的主体对象。

四、音频信息检索

自然界的声音极其广泛，如语音、音乐声、风雨声、动物叫声、机器轰鸣声等，对声音进行数字化处理得到的结果，称为音频。作为一种信息载体，音频可以分为三种类型：

1. 波形声音

波形声音对模拟声音数字化而得到的数字音频信号，它可以代表语音、音乐、自然界和合成的声响。

2. 语音

语音具有字词、语法等语素，是一种高度抽象的概念交流媒体。语音经过识别可以转换为文本，文本是语音的一种脚本形式。

3. 音乐

音乐具有节奏、旋律或和声等要素，是人声或人声和乐器音响等配合构成的一种声音。音乐可以用乐谱来表示。

音频数据一般用音量（Loudness）、音高（Pitch）、音强（Brightness）、带宽（Bandwidth）、音长（Duration）和音色（Timbre）等属性来描述。其中音量、音高、音强、带宽和音长属性易于通过技术手段进行量化建模，而对音色的处理却相对复杂，对其进行分析和捕捉较为困难。

现有的声音数据库采用关键字进行检索时，一般只允许用户输入有限的文本关键字。虽然像音乐这种音频可以用题名、作者或主题、分类来进行索引，但用户常常会要求用一段音乐旋律来检索乐曲。对于音频，基于内容的处理涉及音频信号的分析、自动语音识别等技术。标引可以基于韵律、和音、旋律以及其他的感知或声学特征。声音的一些感知特征有音高、响度、音色、带宽、谐音等，可以对这些特性进行示例和特征值检索，也就是采用一个或多个客观的声学参数，或者输入一个参考的声音，要求系统检索相似或不相似的所有声音。

音频信息检索从技术方法上主要分为三种方式：

（1）基本属性检索

这种检索方式通过查找文件名、文件大小、生成时间等一般属性以及取样率等音频属性来检索音频信息。

（2）特征值检索

通过查找声强、能量、带宽等特征值进行音频信息检索。

（3）示例检索

通过查找与给定音频相似的音频数据来检索音频。

从音频信息类型上划分，应用最多的音频信息检索包括语音检索和音乐检索。

（一）语音检索

语音检索是以语音为中心的检索，采用语音识别等处理技术。

1. 利用语音识别技术进行检索

这种方法是利用自动语音识别技术把语音转换为文本，从而可以采用文本检索方法进行检索。

2. 利用子词单元进行检索

自动语音识别技术在处理无主题限制的大范围语音资料时，识别性能会变差，尤其是当一些专有词汇（如人名、地点）不在系统词库中时。一种变通的方法是利用子词（Sub-Word）索引单元，当执行查询时，用户的查询首先被分解为子词单元，然后将这些单元的特征与库中预先计算好的特征进行匹配。

3.利用识别关键词进行检索

在无约束的语音中，自动检测词或短语通常称为关键词的发现（Spotting）。利用该技术识别或标记出长段录音或音轨中反映用户感兴趣的事件，这些标记就可以用于检索。例如，通过捕捉足球比赛解说词中"进球"的词语可以标记进球的内容。

（二）音乐检索

音乐是我们经常接触的媒体，如 MIDI、MP3 和各种压缩音乐制品、实时的音乐广播等。音乐检索是以音乐为中心的检索，利用音乐的音符和旋律等音乐特性来检索，如检索声乐作品和乐器演奏作品等。

音乐检索虽然可以利用文本注释，但音乐的旋律和表现并不都是可以用语言讲清楚的，而基于内容的检索技术在某种程度上可以解决这个问题。基于内容的音乐检索主要是根据音乐音符的音高、音长和音强等特征进行检索。

音乐的音高代表音符的高低。基本的音高符号在五线谱中用 C、D、E、F、G、A、B 七个字母命名，在简谱中对应的是 1、2、3、4、5、6、7。从物理学角度来看，音高和声波的频率有着密切的关系，频率越高，则音高越高。

音长表明音符的长短。这是以全音符为基础进行划分的，其他各音符按与全音符的比值命名，如二分音符、四分音符就相当于全音符的二分之一、四分之一。

音强是在听闻时感受到的响度，也就是人们通常说的强弱、大小、重轻，它代表音符的强弱，比如在弹奏钢琴时，音强表明一个琴键按下的力度。

在检索系统中，音乐的类型可分为两种：结构化的（或综合的）音乐和基于样本的音乐。

1.结构化音乐的检索

结构化音乐和声音效果是由一系列指令或算法来表示的。最常见的结构化音乐是 MIDI，它把音乐表示成大量的音符和控制指令。由于结构化音频的简明结构和音符描述的原因，结构化音乐更适合根据用户指定的音符序列进行精确匹配的查询。

在结构化音乐和声音效果的检索中，两个音符序列之间相似性的测量手段是解决问题的关键。

一种方法是采用绝对音高序列。绝对音高序列包含旋律的准确音高，其优点是可以对音乐旋律进行完全精确的检索。为了理解上的方便和简化计算机的处理，可以采用 128 个梯度来表达从最低到最高的音高范围，使用的音高符号从低到高依次为：C、Db、D、Eb、E、F、Gb、G、Ab、A、Bb、B，八度音阶从 0~10，这样，整个音高范围就可以用从 C0~G10 的符号来表示。

另一种方法是基于相对音高序列来检索音乐。其基本思想是：将数据库声音文件中的每个音符都转换成相对前一个音符的音高变化。音高变化有三种状态：该音符比前一音符高(U)、该音符比前一音符低(D)和该音符与前一音符相同或相似(S)，根据音符音阶可较容易地获得音高变化。按这种规则，任意一段旋律可转化为一个包含字母 U、D、S 的符号序列，检索任务也就变成了一个字符串匹配过程。该方法是针对基于样本的声音检索提出的，也同样适用于结构化声音检索。

2. 基于样本的音乐检索

对于基于样本的音乐标引和检索有两种通用的方法：一是基于抽取的声音特征集合；二是基于音乐音符的音高。

（1）基于抽取的声音特征集合的音乐检索

在这种音乐检索方法中，对每种声音（包括查询）抽取听觉特征集，将其表示成一个矢量。通过计算查询音乐和每个存储音乐片段相应的特征矢量之间的近似度来计算它们的相似性。

（2）基于音乐音符的音高的音乐检索

该方法与基于音高的结构化音乐检索相似。二者之间的主要区别在于基于音高的音乐检索必须抽取或估计每个音符的音高。将一段旋律转化为一系列相对音高转移序列的过程，称为音高跟踪。音高跟踪是自动化音乐转录的简化形式，它把音乐声音转化成符号。该方法的基本思想为：由于音乐的每个音符都是由它的音高表示的，因此一个或部分音乐片段可表示成一个序列或音高串。检索是以查询音乐和每个存储音乐片段相应的音高串之间的相似性为基础，音高跟踪和音高串相似测量是检索过程的关键。音高通常被定义为声音的基本频率。为了找到每个音符的音高，必须把输入音乐分割成单个音符，因此通常假定音乐是以计分的方式存储在数据库中，每个音符的音高是已知的。常用的查询请求形式是哼唱（humming）。为了改善查询请求的音高跟踪性能，通常要在相邻音符之间有一个停顿。

音高的表示方法通常有两种：第一种方法，每个音符（第一个除外）都被表示成相对于前一个音符的音高方向（或变化）。音高方向可能是 U(上)、D(下)或 S(相似的)，因此每个音乐片段都可表示成三个符号或字符组成的字符串。第二种方法是基于选择的把每个音符表示成一个值，该值是由最接近估计音高的标准音高值集合分配的。如果把每个许可值都表示成一个字符，则每个音乐片段都可表示成字符串，但是在这种情况下，许可符号的数量要比前一种方法的符号数量大。在把每个音乐片段都表示成一个字符串后，需要进行字符串之间的匹配。考虑到用户哼唱不一定很准确，且对多个相似的音乐片段都可能感兴趣，因此检索通常使用近似匹配，而不是精确匹配。

第四节 跨语言信息检索

数字图书馆的信息资源类型丰富、数量庞大，所使用的语言亦具多样性。信息资源语言的多样性和读者所掌握语言的有限性不可避免地给人们利用图书馆资源带来了语言障碍，人们对语言自动翻译的需求越发迫切。据统计，2015年10月，在使用英文搜索引擎中提出语言翻译请求的几种主要语种有西班牙文47.2%、法文17%、拉丁文7.8%、德文6.2%、日文4.7%、意大利文3.2%、俄文2.4%、中文2%。为了消除信息资源利用中的语言障碍，跨语言信息检索技术（Cross-Language Information Retrieval，CLIR）已成为数字图书馆信息检索技术的重要组成部分。

一、跨语言信息检索的相关技术

跨语言信息检索是指用户以一种语言提问，检出另一种语言或多种语言描述的相关信息。例如，输入中文检索式，跨语言检索系统会返回英文、日文等语言描述的信息。这里的信息可以是文本信息，也可以是其他形式的信息，目前研究最多的是跨语言文本信息检索和跨语言语音信息检索。在跨语言检索中，提问式所使用的语言通常称为源语言（source language），源语言一般是用户的母语；被检索文档所使用的语言，称为目标语言（target language），目标语言可以是用户不熟悉甚至完全陌生的语言。与跨语言检索相对应，提问式语言和文档语言相同的检索，称为单语言检索（monolingual retrieval）。

在跨语言检索中主要涉及的技术有计算机信息检索技术和机器翻译技术。计算机信息检索技术完成提问式与文档之间的匹配，机器翻译技术完成不同语言之间的语义对等。

（一）计算机信息检索技术

目前计算机信息检索技术已趋于成熟，在单语言检索中，计算机检索技术主要包括自动标引技术和自动匹配技术。检索系统利用自动标引技术对搜集的信息进行标引形成索引数据库，用户输入检索式后，计算机把检索式与数据库中标引项进行匹配，按检索式与标引项相关性大小降序输出检索结果。跨语言检索中实现信息检索的原理和方法与单语言检索是相同的，只是在检索的过程中加入语言处理技术，使一种语言能够与其他语言对应。

（二）机器翻译技术

机器翻译技术实质上是一种能够将一种语言的文本自动翻译成另一种语言文本的计算机程序。机器翻译技术的核心是保持两种文本的语义对等，由于在翻译过程中，源语言文本中的词往往对应目标语言描述的几个词，所以要选择最合适的词或其他处理以达到含义的一致。由于这涉及复杂的计算机语义分析技术，因此机器翻译的效果还远未达到人们所期望的水平。在跨语言检索中，需要利用自然语言处理与机器翻译相结合的技术来提高翻译的准确性，因为在跨语言检索中，翻译的准确性直接决定了检索的准确性。

计算机信息检索技术和机器翻译技术是跨语言检索中所利用的主要技术，由于计算机检索技术已比较成熟，而机器翻译技术的实用性还有待发展和完善，因此跨语言检索所要解决的问题实际上是一个语言处理问题。跨语言检索不同于单语言信息检索和机器翻译，也不是两种技术的简单叠加，它是一种有机的融合，有着自身的特点和专门的研究内容。

二、跨语言信息检索的实现方法

目前跨语言信息检索的主要实现方法有提问式翻译法、文献翻译法、提问式文献翻译法、中间翻译法、不翻译法、提问式构造法和音译法等。

（一）提问式翻译法

提问式翻译的过程是把源语言的提问式利用机器翻译技术翻译成目标语言提问式，再进行单语言检索。机器翻译可以使用专业化的产品来实现对查询的翻译，也可以使用在线翻译器实现，如 Alta Vista 提供的在线翻译工具可以为用户翻译一段字数多达 150 字的文本，也可以帮助用户翻译一个网页。根据翻译所使用的资源，提问式翻译法进一步区分为基于词典（Dictionary-based）、基于语料库（Corpus-based）、混合式（Hybrid）和提问构造（Query Structuring）等几类方法。

1. 基于词典的方法

词典是最典型的一种知识组织体系，机器词典与普通词典相比，要求具有高度的形式化、信息的确定性、规则描述的一致性等，以利于计算机快速检索与处理。根据以上原则，人们制定了高度形式化的信息和规则表示方法，并采用复杂特征集的方式来表示词汇的静态信息和动态信息。

2. 基于语料库的方法

语料库（Corpus）是将同一信息或同一主题的信息用两种或多种语言进行描述，并由人工或机器建立不同语言间的联系，在跨语言检索的翻译中可以参考这些联系信息进行提问或文档的翻译。语料库根据不同语言间对应层次的不同，可分为词汇对齐（Word Alignment）、句子对齐（Sentence Alignment）、文献对齐（Document Alignment）和非对齐（No Alignment）几种。词汇对齐是其中最细致的双语语料库（Bilingual Corpus），也是最实用有效的语料库。语料库中不同语言词汇间的关系，已经经过人工或机器建立对齐联结，语料库中对齐的准确性对翻译的质量至关重要。

语料库还可以分为平行语料库（Parallel Corpus）、比较语料库（Comparable Corpus）和多语种语料库（Multiligual Corpus）。平行语料库是指同一信息用不同的语言进行描述，它收集某种语言的原创文本和相应的翻译成另一种文字的文本；比较语料库是指同一主题的信息用不同的语言进行描述，它的定义较前者宽松，因此理论上较容易取得大量的文件；多语种语料库是根据类似设计标准建立起来的两个或多个不同语言的单语种语料文本组成的复合语料库，其中的文本完全是原文文本，不收集翻译文本，这种语料库较相对更宽松，更容易组织，但通常必须配合其他方法，如词典、局部反馈（local feedback）等，才能发挥功能。

通过建立语料库，收集大量单语或双语语料和词典，可以从中获取语言知识和翻译知识。语料库在跨语言信息检索中，主要应用在针对查询的处理方面。

例如，"面向新闻领域的汉英机器翻译系统"就使用了一个具有一定规模的经过对齐处理的汉英双语平行语料库，语料库中语料的标记由一组相互链接的文档来完成，各文档的功能如下：中文基本标记文件和英文基本标记文件主要标记中英文文本的结构信息，如新闻报道的标题、子标题、新闻导言、讯头及文档的一般结构信息。此外，在这个文件中还要标记命名实体，如人名、地名以及机构名等。中文文本语言学标记文件和英文文本语言学标记文件主要标记中英文文本中有关词语的词性信息、短语的结构信息、分句的组成关系信息、句子结构成分信息等。中文英文对齐信息文件标记中文文本和英语译文文本之间在各个级别上的对齐关系，包括段落级对齐、句子级对齐、词一级的对齐、短语结构级的对齐信息等。标记系统允许以一致和循序渐进的方式对语料进行由浅层到深层的信息标注。标注工作还包括中文分词和词性标注、英文词性标注、中文和英文的专有名词（如机构名）标注、中英文文本句子一级的对齐、中文和英文专有名词的对齐、中文词语的详细语法特征标注等。

3. 混合式方法

基于词典的方法对于不在词典中的词，就无法翻译，通常是将该词不加翻译，直接送入检索系统，此时这个词的检索功能就会很有限。另外，词汇的歧义性会加入不少错误的检索词。

语料库方法中的语料库建设难度较大，规模通常也较有限，包含的主题不够多，而且检索效果跟对齐的质量有密切的关系。

虽然基于词典的方法存在不足，但能达到单语言检索50%的效果。其实词典和语料库是互补的，词典提供较广泛、较浅层的覆盖度；而语料库则提供面向特定领域、较深入、能及时反映当前用语的覆盖度。因此，将两种方法进行整合是解决提问式翻译的一种有效方法。传统单语言检索的查询扩展技术是整合两种方法的桥梁。查询扩展，即在用户输入原始的查询请求后，自动的根据用户查询用语的语义加入新的查询语句，扩展查询中的词汇应该是基于原检索词的同义词典以及相关词词典。它可以减少与词典翻译有关的错误，部分地解决"词汇问题"中"多词同义或近义"的问题。查询扩展的方法有很多，这方面的研究也开始进入实用阶段。在跨语言信息检索中，查询扩展可在查询翻译前或查询翻译后进行，也可以在查询翻译前、后同时进行。

（二）文献翻译法

文献翻译法不对提问式进行翻译，而是把数据库中用目标语言描述的文献翻译成与提问描述相一致的源语言形式，再通过提问式与信息库的匹配完成检索过程。运用文献翻译方法进行跨语言检索，返回给用户的结果是用源语言描述的，用户能够方便地选择利用。提问层次的翻译与文献层次的翻译相比，其语境更加宽泛，进行歧义性分析所能利用的线索比较多，但是这种方法所使用的文本自动翻译技术的正确率目前还难以达到实用水平，而且将数据库中全部文献从目标语言翻译到源语言的工作量也是巨大的。文献翻译法只有在翻译内容有限的情况下才有意义，如对已确定要浏览的某个网页进行翻译。

（三）提问式文献翻译法

这一方法是将源语言提问式翻译成目标语言提问式，然后与目标语言描述的信息库进行匹配，检出相关信息，再把检索结果全部或部分翻译成源语言描述的信息。检索结果的翻译一般选择部分翻译，因为跟全部翻译相比，部分翻译的工作量较少，容易提高翻译的效率和质量。部分翻译一般是对结果文本的前两行、文摘或文本中重要的词进行翻译。在重要词的翻译中，如何找出确定重要词是决定这种方法效果的关键。目前的研究主要是根据词频并结合禁用词表和功能词表来决定词的重要性。利用提问式文献翻译方法进行检索，返回给用户的结果是采用用户所熟悉的源语言描述的，用户能够容易地选择利用检索出的信息，减少了用户的翻译成本，提高了检索服务的质量。

（四）中间翻译法

在跨语言检索中，解决语言障碍的基本方法是两种语言之间的翻译，然而所有的翻译方法都离不开机器翻译、双语词典、语料库等作为翻译的语言基础。但是，在跨语言检索中可能会碰到这样的情形：两种语言直接翻译的语言资源不存在，如在 TREC 中很难找到德语和意大利语之间直接对等的语言资源。为此，研究人员提出了一种利用中间语言或中枢语言进行翻译的方法：将源语言翻译成中间语言（可以是一种或多种），然后再将中间语言翻译成目标语言（利用多种中间语言时，需要合并）。假定在德语和英语之间不存在直接的翻译，而是通过西班牙语和荷兰语两种语言作为中间语言进行翻译。

（五）不翻译法

潜在语义标引法（Latent Semantic Indexing，LSI）从常见的词——文献矩阵入手，通过奇异值分解处理，衍生出对应的潜在语义结构模型。在这一模型空间中，语义相关的词和文献相近放置，从而可从语义相关的角度为文献选择标引词，而不管该标引词在文献中是否出现。学者将这种方法引入跨语言检索中，他们将英语词汇、法语词汇、英法双语文件映射到一个向量空间中，尽管这些术语是用不同语言描述的，但是可进行语义上的比较匹配，而无须翻译转换。

（六）提问式构造法

提问式构造法（Query Structuring）主要有三种：基于同源词的构造法（Syn-based Structuring）、基于复合词的构造法（Compound-based structuring）、n 元匹配法（n-Gram Matching）。提问式构造法的实质是利用同源词、复合词或 n 元匹配分析提问式中各个词的权重，只有一种或两种释义的词的权重最高，而有多种解释的词用同源词符、复合词符或 n 元匹配符连接，以降低其权重。

（七）专有名词音译法

由于词典无法达到完全覆盖的程度，词典中未收录的词一直是提问翻译的重要问题，而专有名词的翻译更是难题，很多学者都相继提出机器音译（Machine Transliteration）的方法来解决这个问题。

音译法根据处理的方向，可以区分成正向音译（Forward Transliteration）与反向音译（Backward Transliteration）。当一个语言的专有名词因为没有适当或是不容易以意译来表示时，可采用正向音译将其音呈现出来。例如，意大利的城市 Florence，中文就音译成佛罗伦萨。反过来讲，当看到一个中文的音译人名阿诺德·施瓦茨辛格，如果想要找出其原文 Arnold Schwarzenegger，就是反向音译。一般来说，使用罗马字母的拼音文字语言会保持原词语字母的拼法，以原语言的发音规则或是自己语言的发音规则来发音。但在象形文字与拼音文字语言之间做音译时，则需要尽量将原语言的发音用另外一种相近语言的音素表示出来，而且要符合目标语言的语音组合规则。显然，拼音文字与象形文字之间的音译处理相对来说较为困难，而反向音译比正向音译更难。正向音译允许某种程度的失真，所能接受的错误范围较大；但反向音译则不同，反向音译不允许错误，也就是在找出原文的过程中，必须要相当准确，否则反向音译的结果应用性就很差。

三、跨语言检索的技术重点

跨语言检索的技术重点主要集中在语言资源、翻译歧义性消解等方面。

（一）翻译所需语言资源的研究

在跨语言检索中，主要解决的问题是语言障碍，因此，两种或多种语言之间的翻译对于跨语言检索的性能有着重要的影响。而翻译必须以一定的语言资源作为基础，在跨语言检索中，常用的语言资源有手工编制双语词典（manually generated bilingual dictionary）、机器可读词典（machine-readable dictionary）、机器翻译（machine translation）、语料库（corpus）等。

手工编制双语词典是翻译人员进行翻译必备的工具，具有准确、全面的优点，但在跨语言检索中难以实现计算机的自动识别处理。

机器可读词典是把手工词典以机器可读的编码形式进行组织，便于实现两种语言在词汇层次上的对译，但如果机读词典不借助人工干预，翻译的歧义性问题就难以解决。

机器翻译能够在语句层次实现两种语言的翻译，但目前这种技术还不成熟，基本停留在语言表层的句法层次（syntactic），其语义翻译（semantic）水平还远未达到实用的程度。

语料库，尤其是平行语料库的应用不仅改善了词翻译的不确定性，而且对于专有名词的翻译有着重要意义，因为在平行语料库中，词与词（包括词与短语和短语与词）之间的对应是唯一的，很多在手工词典和机读词典中不能获取的词都可以在平行语料库中得到。基于语料库的跨语言检索已成为近几年研究的热点。

各种语言资源在跨语言检索中的使用不是孤立的，同时使用两种或多种语言资源会达到更好的效果。

（二）翻译歧义性的消解

在跨语言检索的翻译中最难解决的问题是翻译的歧义性（ambiguous），也就是说，对于一个单词，其译文可能有两种甚至是多种，出现二义性或多义性。如中文检索词"运动"有如下的英文意义：sport、exercise、movement、motion、campaign、lobby等。而每一个英文词可能有一个以上的意义，如"exercise"有"a question or set of questions to be answered by a pupil for practice""the use of power or right"等意义。

无论在哪一种语言中，一词多义的现象都是非常普遍的。那么，在对查询进行处理时，确定检索词的确切含义是非常重要的；而对被检索文献而言，要提高检准率，就需要明确文献中出现的检索词的含义，以判断其相关性。因而，翻译歧义性问题已成为跨语言检索研究的关键问题。

解决语言歧义性的自动处理方法分为两大类：一类是在一定程度上模仿人类解决歧义性的方法，在处理过程中结合人工构造的语法学、词法学、句法学、语义学等方面的知识，力求给出文本非歧义的解析表达。但是机器要在这种全文本层次上实现正确有效的分析是相当困难的，其性能水平无法与高昂的语言分析成本相对应，因此，这类方法大都局限在语言的特定子集或较小的领域中。鉴于此，许多研究者更关注较实用的方法，力图以较低的成本达到较合理的性能水平。例如，利用一种词的共现技术（Co-occurrence）来消除词的多义性，以明确其含义。词的共现技术就是利用两个有一定关联的词共同出现在某一篇文献或者文献的某一个部分的这种关联来确定词义的技术。例如，country 既有"国家"含义，又有"乡村"之义。如果 country 和 music 同时出现，那么它的含义很多情况下应该是"乡村"之义；如果 country 和 our 同时出现的话，那么它的含义很多情况下应该是"国家"之义。在第二类方法中，重点主要放在词汇和短语等较低语言层次的歧义消解上，所依赖的工具主要是一些机读化的语言资源，如词典、主题词表、语料库等，而词典和语料库是目前消歧方法中应用较多的两种。

1. 词典方法

词典方法主要用来分析语言中的词汇信息及其结构，以确定各个单词间细致的关系。

词交叠（Overlap）是推测单词在给定语境中正确的含义以实现词汇消歧。该方法将歧义词的每个含义同与其共现（Co-occurrence）词的定义进行比较，将与共现词定义有最大交叠的那个含义选为歧义词的正确含义。

词根还原技术（Stemming）是一种汇聚相同概念词的技术，它也是解决歧义性问题的一种方法。词根还原技术的词根还原器根据词义对词进行汇聚，被汇聚的词不一定具有相同的词根。这种还原器充分利用了各种词法信息：利用不规则词法可用来识别词义，如 Antennae 是与昆虫相联系的 Antenna（触须）的复数，而不是与电子设备相关的天线（其复数为 Antennas）；因为后缀只附着于特定词类的词根上，因此可利用这类信息区分同形异义词。实验表明，这种词根还原器能够显著改进消歧的效果，尤其是对于文本较短的情况。

2. 语料库方法

Champollion 系统就是运用语料库方法来消除固定搭配短语的歧义性。在翻译中，固定搭配短语不能逐字翻译，Champollion 将短语视为一个相邻单词或含有任意数量单词的序列，借助建立在句子层次上的平行语料库对短语进行翻译。对于一个给定的源语言短语，Champollion 使用距离系数识别与其高度相关的目标语言词汇，这些词汇再通过系统化的迭代方法处理而生成源语言短语的译文。在这种迭代方法中，首先处理目标语言词汇的每个词对，选出与源语言短语高度相关的词对进入下一个步骤；通过向这些词对加入相关的单词生成高度相关的三元词组并进入下一个步骤；这种处理反复执行，直到不再发现高度相关的词组合。最终，目标短语的词序参照语料库中的例子确定。

（三）交互式系统

在跨语言信息检索环境下，用户与检索系统的交互也是非常重要的。目前，有一些系统和搜索引擎提供了这种技术，如 Keizai 系统和 Google。以 Keizai 系统为例，它所提供的交互手段主要是：在用户输入检索词之后，系统会显示一个翻译列表，这个列表上显示了该词所有可能的翻译形式，每种翻译形式的排列也是有规律的，即按照它的使用频率来排列。另外，每种翻译形式之后都用查询所用的语言做了解释，以便用户理解和选择。用户在选择所使用的翻译形式之后，再把查询提交给系统，这样，系统就可以更加准确和迅速地找到用户所需要的文献。

第七章 移动数字图书馆

第一节 移动数字图书馆发展的必然性

一、移动数字图书馆的简介

移动数字图书馆的建设是图书馆数字化的进一步深化。移动数字图书馆是以移动无线通信网络为支撑,以云共享服务为保障,使用先进的手持移动终端设备(如手机、平板电脑等),利用无线通信网络,为用户提供搜索和阅读的数字信息资源,实现读者异地借阅、随时随地阅读的全新数字图书馆经营管理模式。移动数字图书馆的建设将是信息领域的一场变革,也将是图书馆事业发展的一个新阶段。移动数字图书馆的建设将进一步扩大图书馆的服务范围,大力提升图书馆服务于社会的水平,体现图书馆在时代发展中的价值。促进阅读、提高阅读率、提升文化素质、创造学习型社会,是移动数字图书馆建设的最终目的。

二、互联网及移动设备的发展变化

当前,互联网及移动终端设备的快速发展为移动数字图书馆的发展提供了契机。2018年1月31日,中国互联网络信息中心(CNNIC)在京发布《第41次中国互联网络发展状况统计报告》(以下简称《报告》)。

《报告》显示,截至2017年12月,我国网民规模达7.72亿,普及率达到55.8%,超过全球平均水平(51.7%)4.1个百分点,超过亚洲平均水平(46.7%)9.1个百分点。全年共计新增网民4074万人,增长率为5.6%,我国网民规模继续保持平稳增长。互联网商业模式不断创新、线上线下服务融合加速以及公共服务线上化步伐加快,成为网民规模增长推动力。信息化服务快速普及、网络扶贫大力开展、公共服务水平显著提升,让广大人民群众在共享互联网发展成果上拥有了更多获得感。

三、数字图书馆的服务理念

当前我国各类图书馆（如高校馆、公共馆、专业馆等）的发展基本上是以传统图书馆的发展为主、数字图书馆的发展为辅。随着计算机、通信、电子、多媒体等技术的快速发展，数字图书馆的发展将会更迅猛。未来，图书馆的发展将会以数字图书馆为主、传统图书馆为辅。

移动数字图书馆是数字图书馆建设的重要组成部分，它不仅具备数字图书馆的功能，而且其资源具备"移动"功能。这种"移动"功能主要体现在用户不需要依赖个人计算机来进行数字资源的检索、浏览、下载和阅读等，只需通过手机、iPad、个人数字助理、笔记本电脑等手持移动终端设备，就可以获得数字资源的查询、浏览、下载、阅读等服务。

移动阅读作为数字阅读的深层次化应用，解放了需要计算机、网络以及固定地点才能进行数字阅读的约束，大大满足了用户数字阅读的移动性和随意性。图书馆引进移动数字阅读，势必会扩大用户对数字资源的使用，提升数字资源的利用率，增强图书馆的服务能力。

数字图书馆服务的目标就是让用户获取信息资源能不受时间、空间、区域等条件的限制，也就是说，用户可以在任何地点、任何时间、任何地方获取图书馆的任何信息资源。图书馆服务从过去的纸本书刊借阅服务到数字图书馆服务，已发展到一定阶段，而从数字图书馆服务发展到移动数字阅读服务，将会使图书馆的服务发展到一个全新的阶段。手持移动终端设备的使用量呈逐年增长趋势，它已经成为资源获取的主流设备。移动数字阅读的发展是社会发展的大趋势，也是图书馆发展的必然方向。

第二节　移动数字图书馆建设的意义及应用

一、移动数字图书馆建设的意义

数字图书馆发展的最终目标是实现所有知识和资源的普遍访问，其宗旨就是要突破传统图书馆受时间、空间、区域等条件的束缚，为用户提供无处不在的信息资源服务。

为实现这一美好的理想，一代又一代人在不断地探索、研究、奋斗。在计算机和信息等技术的推动下,在众多同人的努力下,传统图书馆发生了根本性变化,新一代图书馆即数字图书馆应运而生,图书馆服务的领域、方式和管理手段等发生了前所未有的变化。在图书馆发展的历史长河中,作为知识文明的信息传播者,他们是十分幸运而又充满活力的新一代图书馆人,在他们的努力付出下,完成了图书、期刊等资源从手工管理向自动化管理的转变,他们也紧跟图书馆现代化、数字化、网络化发展的步伐,"白手起家",从无到有进行了数字资源的创建和积累,初步实现了由传统图书馆向数字化图书馆的转变。

移动数字图书馆是虚拟化和现实化的结晶,比传统图书馆更加方便、快捷,而且占用空间小。移动数字图书馆收藏着大量的文字、数字、图片、影视、音频等数字化的信息资源,内容形式广泛,能够满足用户的需求。

近些年来,国内外专家和学者在手机等移动设备上实现了馆藏资源检索、到期短信提醒、预约借书、续借服务、个性化服务等,开通了图书馆新闻、公告、新书通报等手机信息服务,这就是手机图书馆或移动图书馆1.0。由于在实际应用中存在资源数据库系统不一致、数据格式不同、移动终端的系统和浏览器多样、移动终端的显示规格不同、移动运营商之间的不兼容(多制式访问、认证、计费等方式)等问题,所以要想实现真正意义上的移动数字图书馆,就要彻底解决以上问题。建设真正意义上的移动数字图书馆要做到以下几点:①实现所有数字资源的全文阅读;②支持所有用户,兼容国内大部分厂商的平板电脑和软硬件设备;③操作容易,简单实用,实现无阅读器方式的阅读;④功能足够强大,解决了各种资源的统一检索、统一调度和全文阅读等问题。

二、移动设备在移动数字图书馆的应用

随着通信技术的快速发展,以及智能手机、平板电脑等大众化的移动终端设备的快速普及,手机已经成为除报纸、电台、电视、互联网以外的第五大媒体。中国互联网络信息中心发布的报告证实了手机市场的发展非常迅速,手机用户数量直线飙升,截至2018年2月,中国4G手机用户超过了10亿,是世界上最大的4G通信市场之一。4G的实现,使信息传递不再是简单的文本信息,而是丰富的图片、声音、动画等超文本信息。同时,平板电脑等移动终端设备的广泛应用,为移动数字图书馆的发展与应用奠定了良好的基础。

移动终端设备的发展,在移动数字图书馆的建设以及人们的日常生活中发挥着重大作用。

有了移动数字图书馆后,手机等移动设备就不再是单纯的、简单意义上的通信工具,它将成为一座通往拥有无限知识海洋的图书馆的桥梁、一把可以打开知识宝藏的钥匙。

第三节 移动图书馆的发展现状及服务

一、国外移动图书馆的发展现状及服务

2007年11月，首届国际移动图书馆会议在英国召开，开创了移动数字图书馆的新纪元。2009年7月，图书馆联盟系统、教育社区和Infoquest机构举办了第一届"手持图书馆馆员联机会议"，又称"2009年移动图书馆馆员会议：关于移动图书馆服务的联机会议"。2010年5月，美国大学与研究型图书馆协会在其发表的《2010大学图书馆十大发展趋势》报告中指出，移动设备以及应用技术的爆炸性发展将推动图书馆拓展新的服务模式。当前，国外许多高校、社区等图书馆已开通移动数字图书馆服务，其服务主要有短信平台服务、WAP（无线应用协议）服务、电子书阅读服务、音频和视频导航服务、客户端应用服务等。

（一）短信平台服务

使用短信服务之前，用户须凭借自己的借阅证或读者证，在移动数字平台上进行注册，注册成功后方可享用该服务。短信服务有两种，一种是图书馆主动信息，如给用户发送新闻、讲座、图书催还、图书预约、超期罚款、超期催缴等信息；另一种是用户主动行为，读者根据需要，主动查询图书馆的馆藏情况、图书借阅情况、图书续借情况和参考咨询服务等，如美国哈佛大学图书馆、美国普林斯顿大学图书馆、新加坡国立大学图书馆、美国哥伦比亚大学图书馆等。

（二）WAP服务

WAP服务分为常规性服务和数据库查询服务两种。

WAP提供的常规性服务有新闻报道、馆藏书目检索、书刊借阅查询、参考咨询等。各图书馆的WAP服务形式多样，各具特色。例如，美国麻省理工学院图书馆的WAP网站提供地图公交指引、生活信息、商业移动资源、参考咨询、申请面谈、学科指南和留言反馈等信息服务；加州大学富尔顿分校图书馆提供电子阅览室的计算机占用情况、馆员联系电话、邮件短信咨询和实时咨询等。提供WAP常规性服务的图书馆还有剑桥大学图书馆、哈佛大学图书馆、牛津大学图书馆、芝加哥大学图书馆、宾夕法尼亚大学图书馆、多伦多大学图书馆、东京大学图书馆等。

WAP还提供数据库查询服务。建立WAP网站，图书馆可以提供移动式的数据库查询服务，如耶鲁大学图书馆提供EBSCO、PubMed、Medline Plus等数据库查询

服务，主要功能有查询题录、文摘、全文链接等，通过电子邮件将结果发送给用户。提供数据库查询服务的图书馆还有加州大学富尔顿分校图书馆、纽约大学图书馆、波士顿大学图书馆、哥伦比亚大学图书馆等。

（三）电子书阅读服务

最早推出移动电子阅读器产品的是亚马逊公司，目前较流行的电子阅读器有亚马逊公司的Kindle阅读器、索尼阅读器、三星阅读器、韩国现代阅读器、摩托罗拉阅读器等。除了能在计算机上阅读外，智能手机、iPad也能阅读电子书。图书馆通过引进电子阅读器或与阅读器商家联手开发电子阅读器，以丰富的馆藏资源为基础，实现电子书阅读服务。例如，得克萨斯大学、内布拉斯加大学等图书馆与亚马逊公司合作，读者在自己的计算机或移动终端设备上安装Kindles阅读器，就可以阅读图书馆的电子书资源；联机计算机图书馆中心（OCIC）与索尼公司合作，引进索尼阅读器，将大量的电子书向全世界读者开放。为了吸引读者，某些图书馆还提供有声读物，如托马斯福特纪念图书馆、圣约瑟夫县图书馆、纽约图书馆等。

（四）音频和视频导航服务

开放音频和视频服务主要有本地镜像和远程访问两种方式。第一种方式是将音频和视频资源镜像在本馆服务器上，读者需要时可自行下载，也可下载到播放设备或移动设备上播放，如杜克大学图书馆、西雅图图书馆、波士顿图书馆等均提供音频资源。第二种方式是通过远程访问，读取音频和视频资源。如果本馆服务器空间有限，可将音频和视频资源上传到服务质量好、访问量大的专业网站上，如YouTube、iTunes U等。目前，爱丁堡中心图书馆、纽约大学图书馆、得克萨斯大学图书馆、亚利桑那州立大学图书馆等都提供这种服务。读者通过智能手机、平板电脑、PSP等移动终端设备就可访问YouTube、iTunes U网站，分享视频。

（五）客户端应用服务

国外高校图书馆除了提供WAP服务外，还普遍提供客户端应用服务，如提供丰富的应用程序供手机等移动终端设备直接使用。读者只要登录图书馆移动数字平台，进行认证后就可以获得各种应用资源，如EBSCO、JSTOR、libGuides、苹果的AppStore、谷歌的Android等。有些图书馆还积极与数据库商合作，提供各种数据库客户端应用程序，如IEEE、ACS、RSC等。目前提供这项服务的有美国哈佛大学图书馆、耶鲁大学图书馆、麦吉尔大学图书馆、伦敦大学学院图书馆等。

二、国内移动图书馆的发展现状及服务

（一）国内移动图书馆的开发商及产品

目前，国内除了一些图书馆自主研发移动数字图书馆平台外，一部分数据库生产商、网络服务供应商、实力雄厚的软件公司等相继涉足移动数字图书馆领域的研发。

1. 北京书生公司

北京书生公司成立于1996年，其软件的核心技术已达到全球领先水平。公司总部设在北京，另外在美国、天津等地设有分公司。公司在电子印章、信息安全、打印防伪、数据采集与交换等方面拥有独特的技术。2008年10月，书生公司的UOM1标准成为国际唯一的文档操作标准。此外，书生公司还在数字图书馆、文档服务器、数字出版、文档数字化、影像存储、数字图书交换、档案管理等领域的研究有重大突破并拥有先进的解决方案。

目前，书生公司累计申请国内外各种专利130余项，且绝大部分是发明专利。例如，2010年，书生公司的文档处理系统专利获得中国专利优秀奖。2011年，书生公司承担重大科技项目"面向个人的多终端阅读技术"和"在线阅览版权保护技术"的研发。

2001年书生公司推出第一代数字图书馆。目前，全国已有700多家图书馆采用书生数字图书馆产品，通过书生数字图书馆系统可检索千万种以上的图书，其中电子书260万种以上。2011年6月，书生公司推出全球第一个移动图书馆——书生移动图书馆。

2. 北京超星公司

北京超星公司成立于1993年，是全国最大的图书数字化加工中心之一。2000年，超星公司建成全球最大的中文数字图书馆。2000年5月，超星数字图书馆被列为国家863计划中国数字图书馆示范工程。超星数字图书馆的藏书量超过260万种，并且以每年约10万种的速度递增。

超星公司是国内规模最大的数字图书馆解决方案提供商和数字图书资源提供商之一。超星公司可以提供集数字图书的加工、采集、创作、发布和交流于一体的完整平台。至今，超星公司自主研发的阅览器SS Reader已经成为国内用户数量最多、亮点最多的电子图书阅览器之一。

超星移动图书馆是一个专业的移动数字阅读平台，读者利用随身携带的手机、平板电脑等移动终端设备，可进行馆藏书刊查询、书刊借阅查询、图书馆公告、最新咨询等业务浏览。借助超星移动平台，还可以检索、阅读超过百万册的EPUB电子图书、海量报纸文章以及中外文献元数据。

3. 金蟾移动数字阅读

广州金蟾（易博士）软件研发公司成立于2001年，主要从事移动数字出版的研发，致力于将移动阅读资源、移动阅读设备、移动阅读应用、移动数字经营等产业进行整合。2008年9月，金蟾公司为图书馆及新闻出版等单位推出EPOST数字资源运营平台，这是一个自主经营式平台，图书馆、出版社、杂志社等单位可自行管理、经营自己的数字资源。

EPOST数字阅读平台很好地解决了当前移动数字阅读的几大难题，如资源管理问题、版权纠纷问题、用户分级管理问题、阅读习惯问题、技术与设备管理问题，为图书馆管理模式和服务模式的创新开辟了新思路。

随着移动通信技术的发展和移动终端设备的普及，会有更多的商家关注这个领域，移动数字图书馆的发展前景广阔。

（二）国内移动图书馆应用现状

国内移动图书馆的建设开始于2000年，2005年以后进入快速发展阶段。2005年6月，首家基于短信的图书馆服务在上海图书馆开通，读者利用手机，通过认证，便可享受到短信、咨询等服务。近些年来，北京大学图书馆、清华大学图书馆、深圳图书馆、浙江大学图书馆、重庆大学图书馆、北京理工大学图书馆等也相继开通了不同功能、不同规模、不同应用的移动图书馆服务。目前国内图书馆开通的移动图书馆服务主要有SMS短信服务、WAP网站服务、应用程序服务等。

1.SMS短信服务

SMS短信服务主要包括两个方面：一是图书馆主动向读者推送信息，如新闻、讲座、图书催还、图书预约、新书通告、罚款催缴等；二是读者按照预先设计好的格式向图书馆发送信息，如向图书馆提交书刊查询、图书续借、参考咨询、意见反馈等个性化需求。目前开通SMS短信服务的图书馆有国家图书馆、北京大学图书馆、清华大学图书馆、上海图书馆、深圳图书馆、四川大学图书馆、成都理工大学图书馆、河南师范大学图书馆、重庆大学图书馆、浙江大学图书馆、上海交通大学图书馆、厦门图书馆等。

2.WAP网站服务

在2007年以前，国内移动数字图书馆服务主要是以短信服务为主。2007年以后WAP网站服务快速兴起。随着无线网络的普及和发展，WAP网站服务将成为移动图书馆服务的新主流。目前WAP服务开展得较好的图书馆有国家图书馆和上海图书馆等。

2008年12月，国家图书馆推出"掌上国图"，即国家图书馆移动服务。WAP网站服务包括图书续借、图书催还、图书出借信息、借阅历史查询、图书资源检索、读者服务、文津图书奖、掌上国图、留言板、图书预约、预约通知、读者注册、在线讲座、在线展览、在线阅读、书刊推荐、讲座预告等。

通过 WAP 网站,读者还可以查询大量国图特色资源,其中包括千余种古代典籍、500 余种音频、近 10 万篇硕博士学位论文、32000 多张特色资源图片。所有这些资源,读者均可在线浏览。

为适应不同品牌、不同厂商的手机设备,WAP 网站同时设计出普版、彩版和 4G 版三种,并且能够根据手机的功能特点自行选择最合适的版本,读者无须为此烦恼。

2009 年 10 月,上海图书馆开通 WAP 网站服务,其服务项目主要有书刊检索、电子书查询、新闻动态、讲座通知、地图导航、读者服务等。通过 WAP 网站,用户经过身份识别或读者认证,通过手机等移动设备就可阅读全新的电子书,并且在阅读时支持书签、笔记、翻译、全文检索等功能。

2013 年,有消息称上海图书馆准备与盛大文学共同推出"云中上图",即移动终端借阅平台应用。

近几年,许多高校和地方图书馆都陆续开通了 WAP 服务,如复旦大学、浙江大学、西安交通大学、浙江理工大学、苏州图书馆、深圳图书馆、南京农业大学、山东大学、成都大学、华南理工大学、湖南大学、常州大学等。目前,国内有部分图书馆正在开发和尝试新的移动数字阅读平台,用于解决在使用移动数字阅读中出现的各种难题。例如,国家图书馆、上海图书馆、广州图书馆、东莞图书馆等大型图书馆使用 EPOST 资讯运营平台进行移动数字图书馆项目的建设和管理。

第四节　超星移动数字图书馆

一、设计理念

超星移动数字图书馆,是利用移动通信技术和计算机网络技术,以图书馆馆藏资源和信息资源的整合为前提,以适应移动设备的一站式信息搜索为核心,以云服务平台为保障,通过手机、平板电脑、个人掌上助理等手持移动终端设备,为用户提供信息资源的检索、阅读、借阅等服务。超星移动数字图书馆的目标是实现任何用户在任何时间、任何地点、任何图书馆都能获取所需的任何信息资源。

二、设计原则

（一）以用户需求为主

用户利用手机等移动终端设备进行资源的检索和碎片的阅读是一个比较普遍的现象。为了提升平台的检索功能，超星公司将基于元数据的一站式搜索引擎迁移到移动数字图书馆服务平台。超星移动图书馆的建设紧紧围绕用户检索且能够阅读所有图书的章节和主题片段的需求。另外，在资源建设方面，超星移动平台还加入大量的适合碎片阅读的纯文本 Epub 电子图书，以满足读者阅读的需求。

（二）充分考虑兼容

由于手机、iPad 等移动终端设备多种多样，型号、系统不一，平台设计需要充分考虑移动终端的兼容性。系统平台允许读者根据自己使用的各种手持移动设备，自主选择适合设备的应用环境。

（三）基于用户体验的服务模式

超星移动图书馆平台在设计时，充分考虑到了用户的使用经验和设备的不同等情况，如手机的品牌、屏幕大小、访问速度、使用功能等。系统平台在开发时重在进行页面设计、内容设计和系统设计，以提高手机资源的组织能力。另外，系统平台还为用户提供图书、期刊等资源的文本式或图片式阅读。系统在设计时，充分考虑了用户行为的容错能力，可以帮助用户从错误中恢复，保持信息服务的一致性和标准性。

（四）以资源整合为保障

超星移动服务平台扩大了移动数字资源的规模和范围，对 Web 资源系统和超星云服务架构共享体系上的所有资源进行了整合，并提供统一的信息服务用户视图，提供统一的系统开发接口和数据格式标准。通过该平台，用户不但可以方便地检索、下载、使用本馆的馆藏书刊和电子资源，还可以检索全国范围内的资源，以及使用强大的图书馆云服务获取全国各图书馆的数字资源，真正让用户获得想要的信息资源。

（五）以个性化服务为中心

超星移动平台的建设是以用户的个性化服务为中心，依据用户的设定来实现各种功能，通过各种渠道对资源进行收集、加工、整理和归总分类，并向用户推送信息，以满足用户的个性化需求。平台中的每位用户都可以拥有一个个人空间，在这个空间里，每位用户都可以自主完成图书的借阅、续借、预约和证件的挂失等服务，还可以完成书刊到期提醒、新闻公告、新书通报、推荐采购、到期提醒、信息、推送等个性化服务。此外，用户还可以设置、修改手机设备的基本信息，随时随地进行信息的检索、浏览、下载等，真正为用户开辟一个可随身携带的、自由使用的移动空间。

三、功能架构

一个真正意义上的、理想的移动数字图书馆，从功能上讲必须做到以下几点：

1. 能够进行所有资源的全文阅读。就目前来说，国内只有很少部分的移动图书馆商家能做到这一点。

2. 支持所有手持移动设备用户。目前国内有部分移动图书馆平台支持平板电脑和不同操作系统的手机。

3. 操作简单、实用。在使用中，真正整合各种应用软件，移动用户无须下载或安装阅读器等各种应用程序。

4. 功能强大。读者利用手机、MP4、平板电脑、手持阅读器等手持移动设备，在任何地点、任何时间都可访问和阅读任何图书馆的信息资源。超星移动阅读服务正在努力向以上目标靠近。

四、两大关键技术

（一）解决了移动终端访问数据库资源受 IP 限制的问题

目前大多数手机通过移动、联通、电信等通信网络上网。这些网络一般没有给手机用户分配固定的 IP 地址，或者整个市、县级地区的所有手机用户都是同一个 IP 段地址。由于 IP 的不确定性以及数据库版权等问题，因此，数据库商无法对不确定 IP 范围的移动用户群开放数据库资源的访问权限。

超星移动阅读服务系统通过在图书馆内部设置一台代理服务器，解决了内、外网 IP 地址的转换，为移动图书馆用户解决了访问受 IP 地址控制的数据库资源的问题，使用户能够通过手机等移动终端设备访问到图书馆的所有数据库资源。

（二）解决了各种数据库在移动终端设备上访问的界面统一问题

手机的屏幕和计算机的显示屏相比，尺寸相差甚大，原数据库商设计的访问界面只适合在个人计算机上应用，无法在手机等移动设备上使用。在充分保留各个数据库商提供的界面风格的基础上，通过超星移动阅读服务平台的整合，在尊重各数据库商的数据加密的原则上，将其转换为适合手机、平板电脑等移动终端设备使用的统一页面，解决了访问界面统一的问题。

五、移动阅读平台代理服务器的工作原理与资源挂接

（一）超星移动阅读平台的工作原理

1. 工作原理

（1）读者发出请求：读者通过移动终端访问界面，在检索框内输入关键词（如书名、主题词等），然后系统会将读者的请求发送到平台。

（2）平台搜索：平台将读者的请求发送到搜索引擎进行检索，并返回检索结果。

（3）资源定位与调度：搜索引擎将检索结果的原文地址发送到平台，平台向资源数据库发出全文调度请求。

（4）返回所要全文：资源数据库向平台返回资源全文（可直接打开阅读或通过文献传递获得）。

（5）全文界面转换：平台将数据库返回的原始页面转换为适合手机、平板电脑等移动终端设备阅读的页面，并将页面发送到读者的手持移动终端设备上。

（6）全文浏览阅读：读者利用超星移动服务平台进行浏览、阅读和管理文献信息资源。

2. 馆藏资源的 OPAC 挂接原理

在超星移动阅读平台中可与馆藏 OPAC 系统进行挂接，实现 OPAC 的大部分功能，如馆藏书目检索、书刊详细信息浏览、书刊馆藏状态查询、图书借阅查询、图书续借、图书预约等。

实现 OPAC 系统的挂接主要有两种方式，即接口挂接和页面分析挂接。

（1）接口挂接方式。这种方式主要由各图书馆提供 OPAC 系统相关功能的接口。这些接口一般由图书馆自动化集成系统厂商提供。

OPAC 登录接口：通过此接口，接受输入的读者证号和密码，验证是否为该 OPAC 系统的合法读者，返回登录是否成功标识。

馆藏查询接口：通过此接口，实现馆藏资源的简单、组合查询，显示馆藏资源的基本信息，如书名、刊名、作者、出版社、出版年、索取号、馆藏数量、预约状态、纸本的财产号等，也可以实现定制每页显示条数、翻页、显示具体页面数等功能。

详细页面接口：有此接口，就可以检索到馆藏纸本的详细信息，如馆藏藏书情况、各分馆分布情况、复本的馆藏状态、可借情况、预约情况、可否续借等。

预约接口：此接口的功能是实现图书的预约。读者输入自己的读者证号和密码预约图书，预约接口自动验证读者的合法性以及自动验证图书是否可以预约，返回预约操作是否成功标识。

借阅信息接口：通过此接口的读者，可查询自己的详细借阅信息，包括图书的基本信息、是否可以续借、是否超期、超期时间、借阅数量等。

续借接口：根据馆藏纸本的流水号或财产号、读者证号、密码续借图书。续借接口自动验证读者的合法性，自动验证图书是否符合续借规则，返回续借操作是否成功标识。

（2）页面分析挂接方式。通过 HTTP 协议访问图书馆 OPAC 系统，对 HTTP 协议返回的页面信息进行文档对象模型解析，并封装转化为所需的字段信息，展示到移动图书馆服务平台。

通过页面分析实现 OPAC 挂接，这种方法不仅设计和开发过程复杂，而且还要求图书馆 OPAC 系统接入互联网，所以目前这种实现方式在图书馆界很少应用。

（二）电子资源挂接原理

1. 资源挂接流程

通过设置代理服务器，实现图书、期刊等电子资源的挂接。超星移动阅读平台通过挂接系统与各数据库系统挂接，实现各数据库资源的检索。

2. 采用的计算机技术

服务器挂接系统采用 J2EE 架构和 My SQL 数据库管理系统。项目框架采用成熟的 Spring 和 Hibernate 搭建，页面抓取工具采用 H 即 CLient，页面分析工具采用 HTML Parser。图片、文字提取插件使用 C++ 语言进行开发，通过 Java 实现本地调用和混合编程。

3. 代理和配置

数据库资源代理采用统一配置的方式，可以很容易地对新加入的数据库商进行代理和配置，增加了资源访问的灵活性。

六、超星移动阅读平台的功能与特点

（一）体系架构与功能

超星移动阅读平台整合了图书馆内外的各种资源服务，实现了与馆内外各种资源的集成，实现了以下五大功能：①与馆藏 OPAC 的集成，实现了馆藏文献信息资源的移动式查询和浏览；②与移动阅读云平台的集成，实现了各种文献资源的查询与传递；③与图书馆数字资源网站的集成，实现了数字资源的统一查询与全文阅读；④与信息互动系统的整合，实现了公告通知、资源动态等信息的发布，满足了读者的个性化需求；⑤创建阅读资源包，实现了多姿多彩的移动阅读服务。

（二）平台特点

超星移动阅读平台的海量信息资源与云共享服务体系，为移动用户提供了资源搜索、资源获取、图书借阅、信息定制等各类服务的一站式解决方案。超星移动阅读平台特点突出、技术先进，具体如下：

1. 基于元数据的一站式检索。平台应用元数据整合技术对馆内外的中外文图书、期刊、报纸、学位论文、标准、专利等各类文献资源进行全面的整合，在移动终端设备上实现了资源的统一检索和全文获取。

2. 适合手机阅读。平台充分考虑到手机阅读的特点，超星移动图书馆为手机等移动终端用户提供 3 万多册的 E-Pub 电子图书以及 7800 多万篇报纸全文，专门供手机用户阅读。

3. 云服务共享体系。超星移动平台接入功能强大的云共享服务体系，平台提供 24 小时的云图书馆文献传递服务，无论是电子图书还是期刊论文，都可以通过邮箱获得全文。目前，平台接入了文献共享云服务的区域与行业联盟达 78 个，已加入的高校图书馆和公共图书馆达 723 家。全天文献传递请求的满足率，中文文献达 96% 以上，外文文献达 85% 以上。

4. 个性化服务体验。通过设置个人空间与图书馆 OPAC 系统的挂接，实现了馆藏资源的查询、续借、预约、挂失、到期提醒、热门书刊排行、参考咨询等自助式移动服务。借助平台，读者还可以自由选择咨询问答、新闻发布、通知公告、新书推荐、到期提醒、预约图书等信息交流服务。

5. 移动资源阅读。超星移动阅读资源包主要包含图书、报纸、杂志、新闻、时评、图片、有声读物、视频课程等资源，该资源包为移动终端用户提供多姿多彩的休闲阅读体验。例如，通过精准的资源导航、资源推荐引导读者；通过绚丽的多媒体资源阅读吸引读者；通过图文并茂的新闻、时评满足读者的需求。

第八章 图书馆自动化系统与信息化服务建设

图书馆自动化是利用现代信息技术提高图书馆工作效率及服务水平的综合方法,并且是建设数字图书馆的基础和必经阶段。本章重点围绕图书馆自动化系统建设流程与原则、图书馆自动化集成系统结构组成、图书馆信息化服务及其建设展开论述。

第一节 图书馆自动化系统建设流程与原则

一、图书馆自动化系统建设流程

(一)业务流程的组成

业务流程就是"工作的流动",是指为顾客共同创造价值的相互衔接的一系列活动。它是业务与业务之间传递或转移的动态过程,是企业或其他单位为了达到其既定结果所进行的一系列活动。业务流程通常由以下部分组成:

(1)清晰定义的客户:可以是内部或外部客户,是流程结果的使用者或受益者。
(2)明确的目标:任何业务流程都有其明确的目标。
(3)合乎逻辑的、依照一定顺序排列的活动。
(4)对工作有重大影响的决策点。
(5)明确的输入和输出:输入/输出的形式可以是物质、资金、信息或它们的组合。

(二)业务流程的分类

业务流程几乎包含了企事业单位所有的运行操作,具体从以下方面进行分类:

(1)根据内容分,业务流程可分为客户关系管理,供应链、知识和决策管理等。
(2)根据重要度分,业务流程可分为核心流程和非核心流程。
(3)根据操作分,业务流程可分为运营流程和管理流程。
(4)根据范围分,业务流程可分为组织间流程、职能间流程和个人间流程。
(5)根据过程分,业务流程可分为串行流程、并行流程和反馈流程。

（6）根据目标分，业务流程可分为长期（投资）流程、中期（运转）流程和短期（获益）流程。

二、图书馆自动化系统建设的原则

图书馆自动化系统建设虽然是一项复杂的系统工程，但是以系统建设目标为指导，联系图书馆自动化系统建设的影响要素，可以把图书自动化系统建设的基本原则归纳为以下几个方面：

（一）系统性原则

现代系统论认为，世界上一切事物，无不从属于一定的系统，系统是物质存在的普遍方式和属性。系统是由相互联系、相互依赖、相互制约、相互作用的事物和过程组成的具有整体功能和综合行为的统一体。图书馆本身就是一个系统，同时存在于社会这个大系统之中。图书馆自动化系统是包括设备、人力、技术、数据以及机器运行的统一的整体。建立图书馆自动化系统就是要用以计算机为主的现代化设备完成图书馆工作中各种信息的输入、存储、加工、传递和使用，从而提高图书馆工作效率。为了达到这种目的，必须坚持系统性原则，用系统方法来指导图书馆自动化系统建设，正确地处理系统与环境的关系、系统目标与系统功能结构的关系、系统整体与部分的关系、系统内部诸多要素相互之间的关系、系统各建设要素之间的关系、系统建设各工作阶段之间的关系。

在图书馆自动化系统建设时，坚持系统性原则，应该做到以下几个方面：

（1）外部条件和内部条件相结合。外部条件就是环境因素，一个系统不仅受到本身因素，如信息流、物质流的制约，而且受到图书馆工作制度、规定、读者、经济、社会环境等因素的制约。因而，在系统建设时，应把内外部各种因素结合起来，综合分析。

（2）当前目标与长远目标相结合。在图书馆自动化系统建设时，必须要把当前目标和长远目标结合起来，不能只顾眼前，应展望未来，把握其发展趋势，使系统具有一定的可扩展性，能够适应一些新的变化。

（3）局部效益和整体效益相结合。图书馆自动化系统是由采访子系统、编目子系统、流通管理子系统等组成的，这存在一个局部效益与整体效益的问题。在进行系统建设时，应从整体目标出发，寻求最佳的整体效益。

（二）开放性原则

网络环境下的图书馆自动化集成系统是一个开放系统。以开放性思想建设图书馆自动化系统，使图书馆的网络化成为可能，真正实现信息资源共享。在开放性的原则下，图书馆所提供的信息资源及其服务不再局限于一个馆，而是扩展到整个网络；服务对象不再局限于一个馆的读者，而是服务于网络中的众多用户；图书馆搜集和加工的数据不再仅仅归自己所有，而是网络中所有合作者的共同财富。

（三）实事求是原则

图书馆自动化建设要从客观实际出发，紧跟时代发展的潮流，找准切实可行的高起点，做好全面规划。系统建设时，应遵循辩证法的观点，把系统与环境之间以及系统内部的问题客观地反映出来。同时，要保证系统与子系统及其环境符合空间和时间的有序性，协调它们之间的各种关系，不断加以优化，使系统总体性能处在最佳状态。针对图书馆工作的实际情况，从实际出发，将日常工作中重要烦琐的手工管理电子化，全部纳入自动化管理，使自动化系统操作使用灵活、简便，系统功能充分满足各个工作环节业务处理的需要。

（四）高效率原则

系统的工作效率是系统建立时应该注意的一个问题。效率与时间有关，如联机处理的响应时间（从发出要求到应答信号的时间）、批处理系统的处理速度（处理单个业务的平均时间）。在实时录入成批处理的事务处理系统中，常用处理能力（标准时间内处理的业务个数）来表示系统的工作效率。影响系统效率的因素很多，包括系统的硬件及其组织结构、人机接口设计的合理性、计算机处理过程的设计质量等。

（五）标准化原则

标准化是人类以制定标准和贯彻标准为主要内容的活动和过程。一般认为，统一、简明、协调、优化是标准化的基本原则。开放性靠标准化实现。标准化是网络环境各种功能和活动的基础。网络环境下的图书馆自动化系统建设不仅强调系统内各子系统之间的协调一致，还要考虑系统自身与其他图书馆系统，与社会的协调、联系与合作。为使这种协调、联系与合作得以实施，必须制定和遵循一定的工作标准。

网络环境下的图书馆自动化系统建设应坚持标准化原则，严格按照有关的标准特别是系统工程和软件工程的思想和有关的标准规范来进行建设工作，达到尽可能减少经费、提高效率和保证质量的最优效果。标准多半与数据交换相关，如机读目录格式的标准、信息检索的应用服务定义和协议描述等。

（六）可靠性和安全性原则

系统的可靠性和安全性是指系统在运行过程中抵御各种干扰、保证系统正常工作的能力，包括检查错误、纠正错误的能力，以及系统一旦发生故障后重新恢复、重新启动的能力。系统在运行过程中难免会遇到各种干扰，这些干扰有人为的，如病毒、无意的错误操作；有自然的，如地震、火灾、突然停电等。在网络环境下，图书馆自动化系统的可靠性与安全性面临新的挑战。提高系统的可靠性和安全性也有各种途径,如选择可靠性较高的设备,采用硬件结构冗余设计、设置故障检测、恢复处理等安全措施等。系统所用设备和材料均应符合国际和国内认可的有关标准,保证系统在高负载情况下的稳定性,利用各种先进技术,有效地控制系统资源,保证自动化系统的正常运行。

(七)经济性原则

系统的经济性是指系统收益与支出之比。图书馆自动化建设不仅要提供配置硬件的经费支持,而且对于硬件购置以后的维护、软件配置和维护等同样需要提供经费支持或至少提供启动经费。自 1996 年以来,国家对重点图书馆情报系统的投入较过去虽已有相当大的增长,但还不够。在经济性原则下,应在满足应用要求的基础上尽可能地降低成本,不能盲目贪大求全。

图书馆自动化系统的作用主要表现在提高图书馆信息处理能力、强化信息资源两个方面。图书馆是公益性的事业单位,很难体现直接的经济效益。所以,在评价图书馆自动化系统时,还应重视其社会效益。

第二节 图书馆自动化集成系统结构组成

图书馆自动化集成系统结构组成主要有以下五大模块:

一、图书采访子系统

建立图书采访子系统的目的在于为图书采访工作提供各种必要的数据,打印统计报表,处理各种订单,进行经费管理,及时与出版商联系,掌握出版发行动态,实现图书采访工作的自动化。它的业务功能主要有以下内容:

(1)订购管理。订购管理包括单行本、丛书、多卷书采购数据套录、输入、修改、删除、查询,打印订购单及对订购清单情况做剔除或复本处理。

(2)验收数据。验收数据包括图书的验收、个别登记、打印财产账、总括登记查询、打印总括登记表、核查所验文献资料是否订过、加入和修改采购信息和记录、进行退还管理、打印差错清单等功能。

(3)经费管理。经费管理包括经费使用情况的管理及有关单据管理,对与发行者之间财务往来和所有财政支出做有效记载,追加采购记录时可提示经费是否已经超限,可自动进行多种货币币值的转换。

（4）统计报表。统计报表功能包括预订统计、到书统计、接收统计、赠送统计，并产生相应的统计报表。

（5）书商管理。对书商信息进行标准化管理，增添新出版社、删除旧出版社、出版社更名、出版社查询等，可加快采编部工作人员的工作进度。

（6）票据打印。完成票据文档的设计工作，所有采购票据均可打印存档。

（7）系统维护。对采访数据库进行追加或修改等操作，对不同来源的数据按标准进行转换，自动进行对 ISBN（ISSN）号、出版单位、国别、书商代码等的规范检查；可对取消订购的记录进行批删除或个别删除；提供记录复制及复制时的修改功能；进行各种文档的维护，进行剔旧、注销时的财产账文档更新。

上述七项功能只是一些传统的图书馆自动化集成系统共有的一些功能。近年来为适应网络环境的需求，各开发单位根据自己的软件特色在此基础上对原有的一些子系统进行了部分修改，增添了电子订单采购等功能。

二、图书编目子系统

计算机编目就是对图书数据处理的过程，也就是把一本书、一篇文献的内容特征和外部特征记录在计算机载体上，按条例进行规范著录，成为一组书目数据。图书馆的各项工作基本上就是以书目记录为基础而展开的。编目子系统是采购、流通、公共查询等子系统的基础，是图书馆自动化集成系统的核心组成部分。

（1）编目。按照 MARC 著录格式，完成图书文献资料的著录工作。

（2）规范控制。遵循共同的著录条例进行文献资料著录工作的规范控制，构建文献资料编目数据库。

（3）书目查询。可通过题名、著者、关键词、ISBN 号等多途径来实现书目信息的查询。

（4）统计报表。对馆藏图书按分类、文种、馆地点等进行统计，打印报表。

（5）数据管理。对所搜集的各类书目数据进行归类、管理，在顺利完成数据的录入工作后，对原始数据进行相应的分类归档。

（6）系统维护。完成编目数据库的日常维护，进行编目数据的增、删、改等操作。同时在数据库建立完成后，也应建立起相应的倒排档，便于检索书目信息。

（7）产品输出。校对无误后，将所得的编目数据存入编目数据库，并打印输出目录卡片及其他形式的各类工作文档。

三、流通管理子系统

流通子系统是图书馆实现自动化较早、效果较明显的一个子系统。它是一个直接与读者接触的子系统，它的运转情况直接反映出馆藏建设的质量、读者的需求满足程度、服务质量和效率。流通子系统巨大的数据流通量，要求流通子系统必须保持高度的稳定性和可靠性。

（1）流通管理。流通管理功能主要是完成图书馆的文献资料的借书、还书、续借、预约、催还、罚款、图书查询、藏书管理等功能。

（2）读者管理。系统需实现读者办证、读者退证、读者挂失及解挂失、读者补新证等功能。

（3）统计报表。进行藏书统计（含馆藏图书的种数和册数、藏书保障率的统计）、图书馆读者统计（含读者总人数统计、按读者类型统计人数、读者到馆率的统计）、图书流通统计（含各类型的图书的流通率、拒借率的统计），打印相应的报表，建立图书文档、读者流通文档、预约文档、统计文档，并打印输出各类报表。

（4）财经管理。对图书馆流通系统的一些图书馆罚款和复印、打印等图书馆有偿服务费用进行财经管理。

（5）系统维护。系统维护包括流通子系统的数据维护和安全维护两方面的内容，对流通子系统的各类数据库进行及时的修改与维护，确保系统的数据和文档安全。

四、期刊管理子系统

期刊管理子系统的采购、验收、装订、编目、流通、统计报表、经费管理、系统维护等子系统的功能和内容与图书的采访、编目、流通等子系统的功能和内容相似。与各图书资料处理系统相比，期刊子系统只是在具体的操作过程中比图书多了一个过刊的流通与管理过程。读者可参照上述的各图书子系统的功能来了解期刊管理的一些功能。

由于期刊本身所具有的出版周期性、连续性、使用率高等特点，人们在进行图书馆自动化集成系统的设计时，将它单独作为一个子系统来进行设计。在具体的系统分析与设计过程中，期刊也有一些不同于图书的部分，尤其在当前的数据库建设时期，期刊全文数据库的建设成为众多的图书馆数据化建设的重要内容。期刊编目、索引的质量将直接影响期刊子系统的质量。

在设计期刊子系统时应注意期刊的特点：期刊的采集过程是有规律的，订购基本是一年一次，相同种类的期刊每年的订购数据基本不变，可重复使用。它的书目数据库一般主要由编目数据、馆藏数据和采集相关的一系列索引文件（倒排档）组成。编目的查询途径包括分类号、主题词、ISSN 号、题名关键字、编者以及上述途径的逻辑组合。在流通过程中，期刊的管理比图书的管理多了一项过刊管理，具备对过刊的装订和著录、流通等处理功能。

五、信息咨询与检索子系统

信息咨询与检索子系统是传统的情报检索子系统的功能的延伸，在新的网络环境下，出现了图书馆的联机公共检索系统（Online Public Access Catalogue，OPAC）。信息咨询与检索子系统的功能主要包括以下几个方面：

（1）信息咨询。信息咨询包括读者信息查询、读者个人信息管理、书刊目录信息查询等内容。

（2）情报检索。情报检索包括图书检索、期刊检索以及其他的各类资源（包括电子信息资源和网络信息资源）的检索。它既能进行单项检索（按照题名、著者、关键词等检索点进行检索），也可提供逻辑组配、截断、二次检索和辅助检索功能，能够提供友好的用户接口，进行检索结果输出格式的选择和检索事务管理。

第三节 图书馆信息化服务及其建设

一、图书馆信息化服务

（一）图书馆信息化服务的优势

图书馆是人类文化知识的宝库，从它诞生之日起，就承担着保存人类文化遗产、传播文献信息的功能。从古籍图书到现代著作，从天文地理到人文百科，图书馆积累了丰富的文献资源，并具有广泛性、系统性、连续性、共享性等特点。数以万计的图书馆共同构建了我国文献资源保障体系和传播体系，并具有一般信息服务机构不具备的稳定信息源。随着科技的飞速发展、社会竞争的不断加剧，信息的作用越来越为人们所重视。作为信息产业组成部分的图书馆，在市场经济条件下，传统的服务方式已不适应形势发展的需要，只有走信息化发展道路，才能更好地为市场经济服务。图书馆在信息化服务中所具备的优势有以下几个方面：

（1）信息资源优势，可以满足城乡人民文化生活的需要。

（2）图书馆的自动化程度应努力接近国际先进水平。建成全国的图书馆自动化网络,并成为国际互联网的重要组成部分,能大量交换信息数据,并能在实现对国外信息和智力成果加以有效传播和利用的同时,把中国的文化、科技成果和信息传向世界,形成全方位开放和交流的能力。图书馆应在重要技术领域和中文数据库建设方面取得一批有世界影响的成果。

(3)提高服务质量,以满足不同层次读者需求为目标。近年来,图书馆在业务建设、读者服务方面都有长足进步,服务方式由传统闭架借书向开架发展,由个人外借发展到集体外借;从被动服务发展到主动服务、特色服务,延长开馆时间,提供预约借书服务;各图书馆竞相挖潜力、争创新,不断推出新的项目。

(二)图书馆信息化服务优势

图书馆拥有一支文化素质较高、知识结构合理的专业管理队伍,他们长期在图书情报部门工作,接触的信息量大,熟悉情报的搜集、加工和整理工作,能从庞大的信息流中筛选信息,帮助用户打开世界信息资源的大门,科学地提供信息服务,是信息开发的中坚力量。

图书馆多年来一直在探索和研制合理完备的文献资源组织体系,从最早产生的题名、著者到逐渐成熟起来的分类法、关键词和主题法,最终形成了一套较为系统的信息资源分拣理论及实践技术。借助信息分拣理论和技术,并结合计算机检索、多媒体检索等新兴信息技术,开发出适应互联网环境的高效搜索工具,提供给用户更为深层次的信息报道。对文献的揭示也从外部形式深入内部的信息单元,使相关信息组织在一起,为用户提供智能型的信息检索服务。

随着图书馆自动化技术的发展和数字化图书馆研究工作的深入展开,在信息检索系统、人机界面、数据库设计和管理以及自然语言处理、专家系统等方面都拥有丰富的软件技术开发经验。另外,由于一些大型图书馆经常获得国家资助引进各类先进的信息技术设备,因而在硬件资源方面也具有优势。

(三)图书馆信息化服务应采取的措施

(1)实行公益性与产业性相结合的双重服务模式。图书馆属于公益性的文化教育机构,在职能上侧重于保存文化遗产和为人们学习科学文化知识提供服务,追求的目标主要是长久的社会效益。在信息社会,图书馆的这种服务模式必然会出现有偿的信息服务,它是在图书馆公益性免费服务基础上的一种补充和发展。在公益性免费服务和产业性有偿服务相结合的双重服务模式下,图书馆可根据自己的馆藏资源选择不同的服务模式。例如,大多数图书馆以公益免费为主、市场服务为辅。高校图书馆可以依托其丰富的专业化信息资源向社会开展各类信息咨询服务。

(2)发挥网络优势,实现网络资源的共建共享。信息网络的迅速发展,对图馆走向市场和社会起到了重要的作用。在网络资源及馆藏信息资源开发过程中,开展信息分析研究与咨询,加强横向交流与协作,发挥图书馆界整体优势,走"分散建库,集中联库,分散服务,资源共享"的联合建库道路,可降低成本,避免重复建库,重复劳动,以形成强有力的竞争能力,真正实现彼此间信息资源的共建共享,为科技、教育、文化、经济建设服务。互联网可以根据用户需求对信息网络上特定领域信息资源进行挖掘、采集、加工整理和有序化的资源重组,改变过去仅能够提供简单的、被动的查询、检索等初级服务的被动局面,全面拓宽和加深信息分析与咨询内容。

此外,通过对一些研究开发项目的信息分析研究,不仅锻炼了图书馆专业队伍,也增强了图书馆在信息领域的竞争力,使图书馆能够真正进入科技与经济建设主战场。

(3)大力开发图书馆信息产品。图书馆信息产品的主要品种有以下几种:①数据库。作为图书馆的一种信息产品,数据库的建设要充分考虑馆藏特色,突出优势,并充分考虑市场需求与供应状况,建设特色数据库。由于数据库的发展和更新快,因此数据库建设关系着产品的生命力,对数据库的维护就成为问题的关键。②计算机检索服务。其是在图书馆自建数据库、购买光盘数据库或联网引进数据库的基础上,根据用户提问,采用一定的检索策略与方法,利用计算机为用户提供检索答案的一种信息服务。③网络信息服务,主要包括网络信息资源的加工和提供,这项工作应从信息的搜集、信息的抽取、信息导航三个方面展开。做好网络信息资源的组织和代查、网上信息传递,如电子邮件服务、电子文献传递等服务。④刊物信息类服务,图书馆根据市场需求,充分利用馆藏资源编辑的信息小报或专题信息资料进行简报服务,根据用户需要编制专题目录、文献、索引等二次文献信息,及时提供、传递信息线索,不仅可以为科研项目服务,也可以为领导决策和市场调研服务,是信息加工的最高层次。

二、图书馆信息化服务的建设

图书馆信息化是指图书馆在信息的采集存储、加工制作、传递利用等各项工作中,应用计算机、网络、多媒体等现代信息处理技术等手段,对图书馆进行全方位、多角度的改造,以实现信息资源的深度开发和普遍共享,为用户提供优质、高效的服务,最终产生一定的社会效益和经济效益。

(一)信息检索服务的建设

随着网络应用的不断普及,网络已经成为人们获取信息的重要场所。在探索及研究新的检索工具和检索技术的过程中，应克服当下网络信息检索给人们带来的困难，加强对不同需求进行信息搜集和发送的智能化服务功能。

检索是指从文献资料、网络信息等信息集合中查找到自己需要的信息或资料的过程。为了进行检索，通常需要对资料进行索引。传统文献资料需要提取题名、作者、出版年、主题词等作为索引，而在网络时代，计算机可以对全文进行索引，即文中每个词都能成为检索点。

信息检索主要有以下两类：

1. 传统文献检索

传统文献检索经常使用到的工具是索引卡片，即将文献资料的信息记录在索引卡片上。索引卡片上一般会记载文献的题名、作者、主题词、摘要等信息。在查找文献资料时，先要去查找索引，找到其馆藏位置，然后索取资料。

2. 网络检索

在网络时代，人们无时无刻不在检索。在互联网上进行检索主要有两种方式：第一种，目录浏览。目录浏览的方式，即雅虎搜索引擎采用的方式，用户可以根据自己的需要点击目录，深入下一层子目录，从而找到自己需要的信息。这种方式便于查找某一类的信息集合，但是精确定位的能力不强。第二种，搜索引擎。搜索引擎是目前最常用的一种网络检索工具。用户只需要提交自己的需求，搜索引擎就能返回大量结果。这些结果按照和检索提问的相关性进行排序。

（1）网络检索的特点。网络信息检索一般指互联网检索，是通过网络接口软件，用户可以在一终端查询各地上网的信息资源。这一类检索系统都是基于互联网的分布式特点开发和应用的，即数据分布式存储，大量的数据可以分散存储在不同的服务器上；用户分布式检索，任何地方的终端用户都可以访问存储数据；数据分布式处理，任何数据都可以在网上的任何地方进行处理。

网络信息检索与联机信息检索最根本的不同在于网络信息检索是基于客户机/服务器的网络支撑环境的，客户机和服务器是同等关系，而联机检索系统的主机和用户终端是主从关系。在客户机/服务器模式下，一个服务器可以被多个客户访问，一个客户也可以访问多个服务器。互联网就是该系统的典型，网上的主机既可以作为用户的主机里的信息，又可以作为信息源被其他终端访问。

（2）网络环境下信息检索的特点主要有以下两个方面：

第一，数据量巨大。在网络环境下，数据量较大。大数据量会导致一些难以预料的软件异常，流量也会难以控制，对各个环节的策略和算法选择将会更加复杂。

第二，多用户服务。多用户模式的信息检索服务必须注重快速反应，注重对并发访问的支持、对公共数据的共享、对临时工作数据的清理等。如果要针对不同用户开展不同服务，就要获取并管理不同用户的个性化需求，使大量的信息通过不同的渠道，主动送到用户的手上。用户层次复杂。网络环境下信息检索服务的用户中，大多数不是专业用户，他们的层次区别较难，拥有不同的操作技能和操作知识，面对这些非专业的用户，将更加需要人性化的引导式信息服务。

（3）智能化信息检索。智能化信息检索是在信息检索的基础上提出来的，它是以用户为中心的信息检索技术，为不同用户提供不同的服务，并满足同一用户在不同时期的需求，通过搜集和分析用户信息来学习用户的兴趣和行为，并综合利用这些用户信息，提高信息检索系统的性能，满足用户的个体信息需求。在具体实现过程中主要是通过观察和分析用户的搜索行为，从中识别出用户对信息需求的偏好，并根据用户对搜索结果的评价，自觉地调整搜索策略，使得对于不同的检索请求，不同用户都能够得到最贴近自己需要的信息服务。

（4）信息检索服务的主体技术。网络信息检索通常采用搜索引擎技术，该技术是为了解决"信息迷航"问题而提出的。它通过相应的算法在互联网上搜索相关信息，并对信息进行组织和处理，从而为用户提供信息导航。目前，网络搜索引擎很多，用户比较常用的有谷歌、有道、百度等，这些搜索引擎能进行网络信息检索、信息过滤、个性化信息服务定制等比较有特色的服务，但是并没有实现真正意义上的智能化检索。在实际使用过程中，用户想要的不仅仅是有用的信息，他们更希望做信息消费的主人，使信息的搜索可以在一个相对主动的环境中进行。

（5）智能信息索引的相关技术要实现真正意义上的以自我为中心的检索服务，就需要以下相关技术进行支撑：

第一，智能代理技术。智能代理又称为智能体，它是在用户没有明确具体要求的情况下，根据用户需要，代替用户进行各种复杂的工作，如信息检索、筛选及整理，并能推测用户的意图，自动制订、调整和执行工作计划。

智能代理首先要建立个性化的数据库，在数据库中建立用户基本信息表（包括用户编号、用户名、姓名、年龄、性别等字段）、用户职业信息表（包括职业编号、职业类型、等级、职称等字段）和用户兴趣信息表（包括兴趣编号、兴趣类别、程度等字段），用来详细描述用户的个人情况，其中第一个字段可以设置成关键字。

第二，建立用户检索策略表（包括策略编号、策略控制、检索词控制、检索时间控制、检索范围控制等字段）和用户检索评价表（包括检索编号、检索时间、检索词、检索结果数量、查全率、查准率等字段），同样的，第一个字段设置成关键字。检索策略表主要是给用户模型的检索定义一个比较完整的检索策略，检索评价表主要是对用户检索的满意度做简单的评价描述。

有了用户个性化数据库，一方面，在服务器端吸收智能代理技术的思想，引入个性化服务的理念，引入用户反馈机制来完善检索机制、提高检索命中率，同时可提供面向个人的特殊检索服务；另一方面，信息检索用到的智能代理主要集成在客户端，配合用户兴趣完成搜索，它会对用户信息需求、偏好进行区别、归纳、总结，分析用户的兴趣爱好，并借助学习的规则，自动、独立地代理用户查找用户感兴趣的信息。

第三，用户兴趣挖掘技术。实现信息检索服务最重要的就是对用户的喜好和习惯进行分析，目前，通常使用两种方法：一是通过用户主动提供自己的兴趣来得到用户的个性化向量；二是在用户没有明确参与的情况下，系统通过观察用户行为分析用户的兴趣，从而得到用户的个性化向量。

（二）参考咨询服务的建设

1. 参考咨询服务的特点

（1）服务内容的个性化。网上的参考咨询服务与传统图书馆的咨询服务是有所区别的，它是针对个体的个性化服务，不再围绕图书馆的物理环境这一中心进行，而是围绕着每个用户当时所在的物理环境这个中心进行，提供给用户的不仅是本馆资源，还有更广阔的虚拟空间资源。它设立的初衷是解答读者查找文献信息中出现的各种各样的疑难问题，最终的目标是教会读者自己检索信息资源，实现"以书找人，为人找书"的图书馆最高服务境界。数字环境下的参考咨询服务增加了文件下载、文本编辑、图像粘贴、超文本链接、发送电子邮件等功能，它是一种比传统服务更方便、快捷、省时高效的服务。

（2）服务方式人性化。数字化咨询服务的主要方式是在图书馆网站主页上设立类似"专家导航"栏目，采用 Web 界面和表格方式，接受读者的咨询疑问。这是一个开放的界面，任何人都要通过网络向选定的图书馆提出问题，咨询专家收到读者提问时，利用同样的界面进行解答。

（3）信息来源扩大化。数字条件下的参考咨询工作不是一户一馆的事，其理念依托的是地区、全球图书馆与信息机构共同协作，这是与传统咨询业最大的区别之处，也是数字环境咨询工作的优势所在。

2. 参考咨询的服务程序与方法

网上参考咨询工作是通过网络用户提出问题而展开的，其不同于传统的咨询工作。可以在与用户面对面的交流中判断用户实际需求，但它又在传统咨询工作的基础上，加深了知识层面的深度与广度。因而，它与手工时代的咨询既相通又有差异。服务方法可分解为以下步骤：

（1）分析问题。接受问题是进行咨询的第一步。接到问题以后，首先是了解用户的真实需求，理解用户，这一步很关键，它是确保检索结果不偏离中心的环节。

通过用户的提问,确定用户需求,彼此进行网络沟通,明确用户需求与咨询员分析的一致性;其次是分析受理问题脉络,确定咨询问题的学科分属;最后是估算咨询工作量,确定完成时间。

(2)制订检索方案。根据需求,确定信息搜索的范围和重点,锁定检索工具书、检索时段、检索方式、检索语言、检索顺序、检索内容的难易度等。

(3)检索。检索分为文献信息检索和网上信息检索。在检索过程中有两点需要注意:一是注意记录检索结果的出处,以便于明确检索结果的有效性;二是需要关注隐蔽网络信息的查找,使用相关的检索工具。

3.图书馆参考咨询服务的创新

数字参考咨询服务的创新。发展数字参考咨询,关键因素是服务创新。笔者认为,我国图书馆数字参考咨询要在全球同业中取得竞争优势,就必须立足于在以下六个方面进行创新:

(1)数字参考咨询的服务观念创新。信息网络化打破了图书馆文献信息服务一统天下的局面,各种信息服务机构不断涌现,并且数字参考馆员不必像传统咨询台的参考馆员那样坐等用户到馆,而可以在任何有网络连接的地点(包括在家里)回答用户的提问。参考咨询服务要想在竞争中获得优势,就必须适应这种转变,从围绕着传统咨询台的参考咨询转变为围绕着用户的参考咨询,实现从被动服务到主动服务的转变。数字参考咨询服务应树立用户至上的思想,尊重用户、满足用户的需求,为用户提供高层次、高质量的服务。图书馆应将服务主动地推送到用户的桌面,让用户平等地、随时随地地享用到图书馆所提供的资源和服务,更加深入地参与知识的使用与创造过程,最大限度地满足用户的需要,提高馆藏文献和信息资源的效益,增强图书馆的活力。

(2)数字参考咨询服务流程创新。数字参考咨询不只是技术变革,而且是管理变革。为此,必须进行参考咨询服务的重组。参考咨询服务的重组就是要在"以满足用户需求为导向,以开展咨询服务为重点,以提高工作效率为目的"的思想指导下,把可获取的资源优势、可扩展的人才优势和可继承的技术优势转化为服务的管理优势,从而建立起以咨询服务为中心的集成化的用户服务体系和与咨询项目相结合的灵活开放式的组织结构。

(3)数字参考咨询服务组织结构创新。传统的图书馆采用等级制的直线式组织结构,这符合传统的文献服务的需求,它是图书馆有条不紊地开展工作的有力措施,对那些重复性的服务工作是有效的。然而,由于网络时代用户分布广,对图书馆满足其所有信息需求的期望越来越高,越来越多的用户期望图书馆无所不能、应有尽有,期望咨询员能快速解决其一切问题。传统的等级制的直线式组织结构已不能适应这种快速和复杂的变化，因此，图书馆必须变革传统的组织结构，采用灵活的柔性化的组织，形成高效的团队，使各种资源在图书馆内外部得到有效配置。

数字参考咨询服务组织应以特定咨询项目为中心，以专家为成员，并以先进的信息技术为手段，为全球用户提供服务。这种组织按照咨询项目的需要来确定其成员，这些成员既可来自图书馆内部的各个部门，也可来自图书馆外部的专家，从而做到集中全社会的力量为各地各类用户提供及时有效的咨询服务。与传统参考馆员相比，数字参考咨询馆员可以是跨部门的，可以不受部门和工作场所的限制，利用一切可能的机会（时间和地点）解答用户的提问。

此外，数字参考馆员可以是其他图书馆馆员或社会各界专家，为了某个咨询项目，图书馆馆员及社会各界专家真正成为一体，而不论从属于哪一个图书馆或哪个单位。数字参考咨询突破了馆内各部门及馆与馆的界限，由此真正实现了信息与人力资源在全社会内的有效配置，最大限度提高资源的利用率。

（4）组织管理创新。由于数字参考咨询采用的是结构化部门和动态服务团队共同构成的柔性开放式的组织结构，为了充分发挥这一组织结构的功能，数字参考咨询必须实行组织管理的创新，使组织管理中的部门与部门之间、团队与团队之间、成员与成员之间形成相互信任、相互理解、相互支持、相互关心、相互尊重、持续学习的管理氛围，使居于不同动态团队、担负不同工作任务、实施不同管理对策的成员与成员群体之间形成交流和共享知识的联结机制，只有团队成员协同工作，员工才能得到充分发挥，共同实现图书馆目标。要实现上述目标，图书馆应做到以下几个方面：

第一，实施人本管理。现代图书馆之间的竞争已由馆藏资源竞争转向服务质量、深度、水平与管理的竞争。咨询馆员是信息资源和读者用户之间的桥梁和纽带，是高知识含量信息产品的设计、生产和提供者。从问题接收、提问解析和分派、答案发送到跟踪反馈等咨询过程，馆员的素质和服务水平直接影响到咨询服务的质量，进而影响到整个图书馆的整体服务水平。为此，图书馆应实施人本管理，即把"人"视为图书馆最重要的资源和财富，通过制定相应的激励机制，构建尊重人才的组织文化等措施，充分调动和发挥每个馆员的主动性、积极性和创造性，从而实现图书馆目标和馆员个人目标。

第二，引入 CKO 管理体制。知识主管（CKO）总体负责图书馆的知识管理活动。CKO 在组织中推进知识管理负责以下四个方面的工作：一是负责设计与组织结构，包括组建知识服务团队和配置知识服务团队成员，根据任务中心的转移和更替进行知识服务团队成员的实时重组和调配。二是负责知识管理的基础工作、知识库的建立和维护。三是在图书馆内建立起一套咨询馆员知识共享行为、知识创新行为的有效激励机制。四是协调组织成员,一方面,CKO要与馆长积极沟通,保证管理层的知识管理策略易于执行;另一方面,CKO要和咨询员沟通,保证管理目标能够被每个员工理解并贯彻执行。

(5)数字参考咨询服务营销创新。网络环境下,一方面信息资源的提供者不断增加;另一方面,用户需求发生了根本变化,如用户可以根据自己的个性特点和需求,不受时间和地域的限制,在全球范围内寻找自己所需要的信息,用户的可选择性增大。由于用户地域分布广,个体知识结构差异及查找目的各不相同,其需求呈现出多样性和复杂性的特点。此外,网上的信息资源呈"爆炸性"增长,用户已不再满足于通过网络检索出一堆原始信息,而是要求类型丰富多样、信息综合集成并经过深度加工的信息,甚至是一个包含知识和解决方案的信息。为此,数字参考咨询应以用户需求为出发点,提供个性化和多层次的服务。

第一,大力开展用户研究,细分服务市场。为了满足不同类型用户的不同需求,图书馆馆员首先应对用户及其需求进行研究和分析,细分服务市场,从而确定特定的服务范围。图书馆可以通过电子公告栏、线上讨论、电子邮件及检索系统等,对用户的信息需求进行搜集、存储、分析,从而选择适合自己的目标市场,提供本馆具有竞争优势的特色服务。如国家图书馆本着为中央党政军领导机关和国家重点科研生产单位及广大用户提供文献研究与咨询服务的目的,特别设置了"为院士服务""为特聘专家服务""为未成年人服务"等栏目。

第二,不断深化服务,提高服务质量。随着信息技术的不断发展,资源数字化速度不断加快,用户信息需求向"快、广、深"变化,因此,数字参考咨询应分析信息需求,由文献信息服务深化为信息服务,由"读者"服务深化为"社会"服务,积极参与市场竞争。数字参考咨询不仅提供代查代检、FAQ服务、BBS服务、图书馆资源导航、网络导航、学科导航、馆际互借、网络课程等,而且提供信息研究报告、决策参考方案、特色数据库等;不仅提供政策咨询、技术咨询,而且提供法律咨询、管理咨询、商情咨询以及贸易、金融、汇率、股票行情等方面的咨询。如国家图书馆提供"专题咨询""法律文献服务""事实查询""商业经济信息检索服务""定题跟踪服务""撰写文献综述"等,其中"商业经济信息检索服务"可以根据用户具体要求,提供国内外公司的名录、产品、经营范围、雇员人数、财政状况、销售额等信息检索服务;还可以提供国内外机械、电子、计算机、农业、林业、化工、石油、建材、轻纺、医疗设备等行业的产品及其供货商的信息检索服务,以及市场趋势、经济发展、经济统计、经济预测及国际贸易等经济信息服务。

第三,提供个性化咨询服务,最大限度满足用户需求。每位用户因为其社会职业与地位、所处的社会环境、各种社会关系、接受信息的条件及社会化状况等不同,其信息需求也各不相同。个性化咨询服务最主要的特征是针对每位用户独特的信息需求提供不同的信息服务。个性化咨询是通过电子邮件、视频、实时在线等搜集资料，建立用户信息库，对用户个性和需求进行分析，把握用户定位，调整服务角度和内容，利用先进的网络通信技术和网上信息资源，充分搜集用户可能感兴趣的信息，将专门服务于读者的信息或图书馆最新推出的服务产品信息及时主动地发送给用户。与此同时，通过分析读者信息需求，及时发现对图书馆服务不满意的读者，了解其中的原因，及时改正。这样既提高了用户服务的效率及满意度，又增强了图书馆市场竞争能力。

（6）数字参考咨询馆员的知识创新。图书馆作为社会知识的集散中心，其宗旨就是要为用户服务，其服务质量关系到图书馆的形象、地位与发展，而网络环境下数字参考咨询正是为用户服务的重要内容。图书馆要提高数字参考咨询服务质量，关键在于要培养一大批具有知识创新能力的人才。

图书馆网络信息咨询是以图书馆的馆藏资源和互联网丰富的信息资源为基础，依托各种信息技术来进行的。一方面，越来越多的参考源电子化，如网络联机数据库、网络搜索引擎、光盘数据库、图书馆、电子期刊、电子报纸、电子词典、网络版百科全书和各种参考源的超级链接等；另一方面，咨询问题种类繁多、覆盖面广，加之用户咨询问题的深度逐步加深，有些问题涉及一定深度的专业知识，这对网络咨询馆员提出了更高要求。

4. 图书馆参考咨询服务的实现

（1）资源整合。图书馆资源的整合，可以简单地理解为资源的一体化过程，即对现有的技术、服务与新技术、新项目的融合，克服不同系统、不同项目、不同服务之间的不兼容，打造全新的服务环境。数字化图书馆参考咨询服务必须建立在对现有数字资源整合的基础之上。我国图书馆现有的数字资源主要形式包括本地书刊目录（telnet/Web）、联合目录、本地或远程的文摘索引数据库或其他二次文献数据库、本地或远程的全文电子期刊、全文电子书或其他一次文献数据库、电子教学参考资料、本地各种自建数据库、独立的光盘工作站、离线的光盘和磁盘、网络光盘库等。

（2）参考咨询服务系统的建设。数字参考咨询系统是当前正在研究开发的高级检索系统，是一项需要投入一定的人力、物力和财力的工程，需要大量资金做支持。

我国主要的大型文献信息单位与情报部门也开展了虚拟咨询服务，如上海交通大学图书馆、北京大学图书馆、清华大学图书馆都开展了电子邮件咨询、实时问答咨询、电话咨询等服务，但服务范围仅限于局域网用户。

我国在网络参考咨询方面还处于区域性阶段，仅依靠本馆的力量单兵作战，只是数字参考咨询的初始。随着大型检索平台的开发完成、导航专家系统的设立、图书馆之间的合作,数字参考咨询服务工作将得以开展,协作与共享的理想将会实现。

(3)参考咨询服务专家的培养。数字参考咨询服务的实现有三个必不可少的条件,即技术、资源与咨询人员。咨询专家是系统使用者,是资源的守护者,是读者与资源之间的桥梁,咨询专家的素质直接体现于服务效果评价上。

参考咨询服务工作,是融服务与技能于一体的高档次业务,它不与读者面对面交流,但要求咨询员有更高的职业公德和责任心,满足读者所需、所想,根据用户具体情况制定检索策略,鉴定、选择检索结果,都需要良好的敬业精神和高尚的职业情操。技能是咨询员具备的技术素质,网络搜索能力、数据库应用能力、学科专业知识等,不仅要求咨询工作者初步了解掌握,而且能跟上学科发展进程,不断更新旧有知识,以全新的理念与技术服务于用户。

从手工检索阶段过渡到现代数字化服务,新的咨询专家的培养也同样需要一个过程。在学习中加固知识基础,在工作中完善服务技能,是现代社会人类共同面对的,也是咨询专家的必由之路。

(三)个性化推荐服务的建设

知识服务有别于传统信息服务的特点之一,就是更加强调图书馆应为不同需求的读者开展个性化服务。对高校图书馆而言,高校图书馆读者的学历层次、专业背景差异性较大,不同读者的需求存在较大差异,因此高校图书馆必须将读者个性化服务作为构建知识服务模式的重点内容。

所谓个性化服务是图书馆在与读者的交互过程中,搜集读者的兴趣、专业特长、信息需求等信息,根据搜集的读者信息为读者传递所需信息和服务的过程。个性化知识服务是个性化服务与知识服务的有机结合,个性化知识服务是图书馆开展知识服务的内容之一,个性化知识服务是图书馆以对原有信息或知识的搜集、组织、分析、重组后形成的知识为基础,根据读者的问题和环境,提供有助于读者个人的、有效的支持知识应用和知识创新的服务工作,满足不同读者在特定时期所需要的特定信息或知识的服务,有效支持读者个人的知识应用和知识创新。

个性化的知识服务主要有以下特性:

(1)针对性。个性化知识服务的根本就是以用户为核心,所有的服务必须以方便用户、满足用户需求为前提。通过研究用户的行为、兴趣爱好和习惯来组织信息内容和调整服务模式,以便为用户提供更有针对性的知识服务。

(2)可定制性。个性化知识服务允许用户充分表达个性化需求,动态地定制自己想要的用户界面、知识、知识服务种类和服务方式,创造适应各人知识结构、兴趣爱好、知识需求和行为方式的知识活动环境,从而获得"量身定制"的知识服务。

(3)主动性。个性化知识服务能够主动感知不同用户的个性化知识需求并将用户所需要的知识及时推送给用户。这种"知识找人"的主动服务模式与传统"人找信息"的被动服务模式截然不同。

(四)信息定制服务的建设

信息定制服务指的是规定好的信息服务,这样的信息内容方向是确定的,改变性比较弱;比较有针对性,一对一服务。服务对需要,少去了一些不必要阅读的信息。互联网与信息技术在全世界范围的迅速发展使广大读者用户对数字图书馆个性化信息服务产生了巨大需求。目前互联网所提供的个性化信息服务主要通过个性化信息定制和系统预测的方法来实现。个性化信息定制是指用户可以按照自己的目的和需求,在某一特定的系统功能和服务形式中自己设定信息的来源方式、表现形式,选取特定的系统服务功能的图书馆信息服务模式。

个性化定制服务能够很好地解决目前搜索引擎存在的检索整序精度差等问题,目前互联网上的网页浩如烟海、信息庞杂,现有的搜索引擎信息搜索精度很差。另外,网上信息的受控性差、随意性大,特别是信息的整序不够等缺点显而易见。因此,面对国内外与日俱增的网上信息资源,用户迫切需要图书馆提供个性化定制服务的交互网络信息化服务。通过个性化定制系统,用户可以快速准确地获得所需要的信息资源,克服网上信息资源上搜索、整序精度差的问题。个性化定制服务技术能满足数字图书馆用户多样化的需求,针对用户特点提供个性化服务,将有助于把图书馆的专业信息资源和学科专门服务提供给相应的用户,这样可避免盲目性,做到一对一专门服务。

结 束 语

数字图书馆建设包括多项内容，如支持数字图书馆运行的技术、硬件设备软件系统、各种标准、数字信息资源建设、信息服务等。数字图书馆的建设如何充分利用自身优势，开拓创新，提高服务能力，使自己在全球数字图书馆的大环境中占有不可替代的地位，是其发展面临的机遇与挑战。加强数字图书馆建设、创新阅读服务可从以下路径入手：

（一）资源建设

只有加强自身数字化资源建设，形成具有本馆特色的数字资源，在未来图书馆发展中才有立身之地，才有建馆之本，否则未来将有被边缘化的危险。①对图书馆及各院系资料室馆藏图书、期刊进行统一建库，实现图书资源的共建、共知、共享。②结合当地地域优势、经济建设等特点，建设特色数据库，为当地文化建设和经济建设服务。特色资源的质量决定着资源的使用价值，也决定着数字图书馆的存在价值。

（二）个性化阅读服务

个性化服务也称定制服务，它是指图书馆与读者交互，了解读者信息需求，主动向读者提供针对性信息服务的过程。它的特点是具有较强的针对性、及时性、智能性、交互性和指导性。读者信息需求分析是图书馆开展个性化服务的重要前提，建立读者动态需求模型是实现个性化服务的一个重要指标。

（三）门户网站建设

图书馆网站是图书馆借以向用户推销自己的工具。通过门户网站将图书馆的服务展示给用户，它的好坏直接影响到用户对数字图书馆的评价和利用。图书馆网站的建设要特别重视检索系统的完善，要从尽可能方便用户出发，力求为用户提供一个直观简洁而又充满人性化的入口，实现图书馆网站的检索功能、导航功能、与用户交互功能及对用户咨询快速反应的功能，并根据用户需要经常更新页面。数字图书馆具有为远程教育提供支持服务的优势，可将分散的、有价值的文本、音频、视频、软件等多媒体信息进行收集，将入网的学校、教育机构、科研机构、数字图书馆融为一体，为远程用户提供多方面、多形式和多层次的服务。

(四)安全管理

数字图书馆是一种特定的信息组织,要遵循信息安全管理标准。如何选择确定数字图书馆信息安全管理遵循的标准呢?世界上现有的信息安全管理标准(或操作指南),可以从不同的角度进行分类:①有的是以信息产品或信息系统为保护对象,有的是以整个组织为保护对象;②有的标准包括信息安全管理的风险评估与风险控制的全部过程,有的标准只包括其中的部分环节;③有的只是某个地区、某个区域或某个国家的标准,有的则是由国际标准化组织制定的国际标准。

由于互联网络和各类终端的发展,新的技术不断应用于数字图书馆的建设,我们在建设和实施的过程中会面临很多新的问题,这就需要我们不断接受新技术的挑战,解决好遇到的问题,在工作中努力创新工作理念和方法,推动数字图书馆的发展。

参考文献

[1] 孙宇，杨佳，赵亮. 图书馆新媒体服务建设与应用 [M]. 上海：上海科学技术文献出版社，2022：10.

[2] 季士妍. 图书馆数字视音频资源加工与数据制作 [M]. 成都：西南交通大学出版社，2022：09.

[3] 王清芳，于景红，张新杰. 大数据时代下数字图书馆建设与创新 [M]. 长春：吉林文史出版社，2022：08.

[4] 李平，张旭芳，陈家欣. 数字化档案管理与图书馆资源建设 [M]. 长春：吉林人民出版社，2022：07.

[5] 王钰. 数字时代图书馆学情报学青年论丛 数字教材内容组织研究 基于认知负荷理论视角 [M]. 武汉：武汉大学出版社，2022：07.

[6] 王世伟. 智慧图书馆引论 [M]. 上海：上海大学出版社，2022：07.

[7] 魏奎巍. 图书馆信息化建设与服务创新研究 [M]. 长春：吉林出版集团股份有限公司，2022：06.

[8] 孙建丽. 现代图书馆管理与信息技术应用研究 [M]. 沈阳：万卷出版公司，2022：03.

[9] 罗颖. 图书馆管理与数字化建设研究 [M]. 长春：吉林出版集团股份有限公司，2022：01.

[10] 苏芳荔. 图书馆数字人文服务 [M]. 北京：中国纺织出版社，2021：12.

[11] 王崇良. 数字时代图书馆学情报学研究论丛 张琪玉学术思想研究 [M]. 武汉：武汉大学出版社，2021：12.

[12] 徐芳作. 数字图书馆用户体验研究 [M]. 北京：社会科学文献出版社，2021：11.

[13] 高桂雅. 大数据时代智慧图书馆科学化服务体系构建 [M]. 长春：吉林出版集团股份有限公司，2021：11.

[14] 陶功美. 智慧图书馆建设及新兴技术的应用研究 [M]. 吉林人民出版社有限责任公司，2021：11.

[15] 马雨佳. 虚拟现实技术在数字图书馆中的应用 [M]. 长春：吉林人民出版社，

2021：10.

[16] 赵研科，赖宁，吴伟德．数字图书馆知识管理方法论 [J]．内蒙古科技与经济，2022（16）：145-146．

[17] 李威．试论数字图书馆内涵及我国数字图书馆建设 [J]．智库时代，2021（6）：13-14．

[18] 曹晓雅．数字图书馆知识管理探究 [J]．河北画报，2021（16）：96-97．

[19] 陆红吉，崔齐飞．集团公司数字图书馆简介 [J]．西铁科技，2021（2）：F0002．

[20] 周航．数字图书馆远程服务模式 [J]．海风，2021，（第6期）：23-25．

[21] 李向宁．虚拟现实技术在数字图书馆的应用 [J]．现代农村科技，2023（1）：86-87．

[22] 李伟超，王晓静，王浩龙，刘怡青．数字图书馆用户信用管理体系研究 [J]．管理工程师，2023（1）：29-34．

[23] 杨广志．高校数字图书馆建设的思考 [J]．中文科技期刊数据库（全文版）社会科学，2021（1）：326-327．

[24] 李晶．数字图书馆的管理研究 [J]．卷宗，2019（24）：178．

[25] 彭学玲．大数据与数字图书馆 [J]．中国科技投资，2019（33）：23，29．

[26] 李梦洋．数字图书馆的建设与发展 [J]．魅力中国，2019（25）：398．

[27] 初景利，任娇菡，王译晗．从数字图书馆到智慧图书馆 [J]．大学图书馆学报，2022（2）：52-58．

[28] 吴建中．智慧图书馆不是数字图书馆翻版 [J]．新华文摘，2022（4）：136-138．

[29] 张达那．计算机技术在数字图书馆中的应用 [J]．包装世界，2022（5）：82-84．

[30] 闫健．德国数字图书馆建设实践及特色 [J]．数字图书馆论坛，2022（2）：53-59．

[31] 王红梅．数字图书馆的法律地位及形成分析 [J]．法制博览，2022（11）：32-34．

[32] 孟晨光，徐丽娟．数字图书馆个性化信息服务的探索 [J]．中国集体经济，2022（9）：138-139．

[33] 张馨月，马博．数字图书馆时代的图书馆管理职能研究 [J]．文化产业，2022（32）：119-121．

[34] 郝晓攀，张剑，王雪峰．数字图书馆远程服务模式发展探析 [J]．内蒙古科技与经济，2022（12）：88-89．

[35] 夏兆强．利用数字图书馆阅读的利与弊 [J]．中学语文教学参考，2022（18）：74-76．

[36] 曹鹏.数字图书馆资源联合建设的共建共享[J].优格，2022（1）：163-165.

[37] 邓银鹏，龙海东.数字图书馆管理及服务创新方法探析[J].科教导刊-电子版（下旬），2022（7）：110-111.

[38] 杨媛.数字图书馆信息集成系统的设计与实现[J].信息与电脑（理论版），2022（8）：160-164.

[39] 刘海丹.公共图书馆的数字图书馆建设探析[J].中文科技期刊数据库（全文版）社会科学，2022（1）：205-208.

[40] 王旭.数字图书馆和个性化服务探析[J].中文科技期刊数据库（全文版）社会科学，2022（1）：215-217.

[41] 徐怡薇.移动数字图书馆的创新服务路径[J].移动信息，2022（9）：77-79.

[42] 冯倩.数字图书馆知识管理研究[J].卷宗，2020（35）：153.

[43] 李绯.数字图书馆信息安全防护[J].电子世界，2020（15）：11-12.